ELIZABETH GEORGE

GOOD FENCES AREN'T
ALWAYS ENOUGH
(Une bonne clôture ne suffit pas toujours)

TROUBLES DE VOISINAGE

Présentation, traduction et notes
par

Michel SAVIO
*Professeur honoraire à
l'École supérieure d'électricité*

Les langues pour tous

Collection dirigée par Jean-Pierre Berman,
Michel Marcheteau et Michel Savio

ANGLAIS Série bilingue

Niveaux : ❑ facile (1ᵉʳ cycle) ❑❑ moyen (2ᵉ cycle) ❑❑❑ avancé

<table>
<tr><td colspan="2">Littérature anglaise et irlandaise</td><td>Littérature américaine</td></tr>
</table>

Littérature anglaise et irlandaise

- **Carroll Lewis** ❑
  Alice in Wonderland
- **Conan Doyle** ❑
  Nouvelles (4 volumes)
- **Greene Graham** ❑❑
  Nouvelles
- **Jerome K. Jerome** ❑❑
  Three men in a boat
- **Mansfield Katherine** ❑❑❑
  Nouvelles
- **Masterton (Graham)** ❑❑
  Grief - The Heart of Helen
  Day
- **Wilde Oscar**
  Nouvelles ❑
  The Importance of being
  Earnest ❑❑
- **Wodehouse P.G.**
  Nouvelles ❑❑

Littérature américaine

- **Bradbury Ray** ❑❑
  Nouvelles
- **Chandler Raymond** ❑❑
  Trouble is my business
- **Columbo** ❑
  Aux premières lueurs de l'aube
- **Hammett Dashiell** ❑❑
  Murders in Chinatown
- **Highsmith Patricia** ❑❑
  Nouvelles
- **Hitchcock Alfred** ❑❑
  Nouvelles
- **King Stephen** ❑❑
  Nouvelles
- **James Henry** ❑❑❑
  The Turn of the Screw
- **London Jack** ❑❑
  Nouvelles
- **Fitzgerald Scott** ❑❑❑
  Nouvelles

Ouvrages thématiques

- **L'humour anglo-saxon** ❑
- **L'anglais par les chansons** ❑
  (+ 🔊)
- **Science fiction** ❑❑

Anthologies

- **Nouvelles US/GB** ❑❑ (2 vol.)
- **Les grands maîtres
  du fantastique** ❑❑
- **Nouvelles américaines
  classiques** ❑❑

Autres langues disponibles dans les séries de la collection **Langues pour tous**
ALLEMAND - AMÉRICAIN - ARABE - CHINOIS - ESPAGNOL - FRANÇAIS - GREC - HÉBREU
ITALIEN - JAPONAIS - LATIN - NÉERLANDAIS - OCCITAN - POLONAIS - PORTUGAIS
RUSSE - TCHÈQUE - TURC - VIETNAMIEN

© 2002 Elizabeth George
Édition originale : Bantam Books, New York
© 2004, pour cette présente édition
ISBN 2-266-14568-1

Sommaire

Michel SAVIO a été chef du service des langues et de la communication de l'École supérieure d'électricité (Supélec). Il est également président d'honneur de l'Union des professeurs de langues étrangères des grandes écoles (UPLEGESS).
Fondateur avec Jean-Pierre BERMAN et Michel MARCHETEAU de la collection « Les Langues pour Tous », il a publié en collaboration avec eux des méthodes de langues chez Pocket et d'autres éditeurs.
Dataire du Collège de Pataphysique, il est décoré de l'ordre de la Grande Gidouille.

Prononciation

Elle est donnée dans la nouvelle transcription – Alphabet Phonétique International modifié – adoptée par A.C. GIMSON dans la 14ᵉ édition de l'*English Pronouncing Dictionary* de Daniel JONES (Dent, London).

Sons voyelles

[ɪ] **pit**, un peu comme le *i* de *site*

[æ] **flat**, un peu comme le *a* de *patte*

[ɒ] ou [ɔ] **not**, un peu comme le *o* de *botte*

[ʊ] ou [u] **put**, un peu comme le *ou* de *coup*

[e] **lend**, un peu comme le *è* de *très*

[ʌ] **but**, entre le *a* de *patte* et le *eu* de *neuf*

[ə] jamais accentué, un peu comme le *e* de *le*

Voyelles longues

[iː] **meet**, [miːt] cf. *i* de *mie*

[ɑː] **farm**, [fɑːm] cf. *a* de *larme*

[ɔː] **board**, [bɔːd] cf. *o* de *gorge*

[uː] **cool**, [kuːl] cf. *ou* de *mou*

[ɜː] ou [əː] **firm**, [fəːm] cf *e* de *peur*

Semi-voyelle

[j] **due**, [djuː], un peu comme *diou...*

Diphtongues (voyelles doubles)

[aɪ] **my**, [maɪ], cf. *aïe !*

[ɔɪ] **boy**, cf. *oyez !*

[eɪ] **blame**, [bleɪm], cf. *eille* dans *bouteille*

[aʊ] **now**, [naʊ] cf. *aou* dans *caoutchouc*

[əʊ] ou [əu] **no**, [nəʊ], cf. *e* + *ou*

[ɪə], **here**, [hɪə], cf. *i* + *e*

[eə] **dare** [deə], cf. *é* + *e*

[ʊə] ou [uə] **tour**, [tʊə], cf. *ou* + *e*

Consonnes

[θ] **thin**, [θɪn], cf. *s* sifflé (langue entre les dents)

[ð] **that**, [ðæt], cf. *z* zézayé (langue entre les dents)

[ʃ] **she**, [ʃiː], cf. *ch* de *chute*

[ŋ] **bring**, [brɪŋ], cf. *ng* dans *ping-pong*

[ʒ] **measure**, ['meʒə], cf. le *j* de *jeu*

[h] le *h* se prononce ; il est nettement <u>expiré</u>

Comment utiliser la série « Bilingue » ?

Cet ouvrage de la série « Bilingue » permet aux lecteurs :
• d'avoir accès aux versions originales de textes célèbres, et d'en apprécier, dans les détails, la forme et le fond, en l'occurrence, ici, une nouvelle d'**Elizabeth George** ;
• d'améliorer leur connaissance de l'anglais, en particulier dans le domaine du vocabulaire dont l'acquisition est facilitée par l'intérêt même du récit, et le fait que mots et expressions apparaissent en situation dans un contexte, ce qui aide à bien cerner leur sens.

Cette série constitue donc une véritable méthode d'auto-enseignement, dont le contenu est le suivant :
• page de gauche, le texte anglais ;
• page de droite, la traduction française ;
• bas des pages de gauche et de droite, une série de notes explicatives (vocabulaire, grammaire, rappels historiques, etc.).

Les notes de bas de page et la liste récapitulative à la fin de l'ouvrage aident le lecteur à distinguer les mots et expressions idiomatiques d'un usage courant aujourd'hui, et qu'il lui faut mémoriser, de ce qui peut être trop exclusivement lié aux événements et à l'art de l'auteur.

Il est conseillé au lecteur de lire d'abord l'anglais, de se reporter aux notes et de ne passer qu'ensuite à la traduction ; sauf, bien entendu, s'il éprouve de trop grandes difficultés à suivre le récit dans ses détails, auquel cas il lui faut se concentrer davantage sur la traduction, pour revenir finalement au texte anglais, en s'assurant bien qu'il en a maintenant maîtriser le sens.

Présentation

Elizabeth George est née aux États-Unis, elle y a fait ses études, obtenu des diplômes de littérature anglaise et de psychopédagogie et enseigné la littérature anglaise en Californie, où elle vit et y donne actuellement des séminaires d'écriture. Elle a séjourné à mainte reprise en Grande-Bretagne et elle en connaît parfaitement la culture et l'histoire*.

C'est l'un des auteurs américains contemporains les plus lus et les plus appréciés dans le monde. Dans ses romans à suspense**, Elizabeth George raconte des histoires policières aux intrigues subtiles et palpitantes,

---

* A une question sur son site internet, Elizabeth George fait la réponse suivante (www.elizabethgeorgeonline.com) :

« Je me suis prise d'intérêt pour l'Angleterre dans les années 1960, quand les Beatles envahirent les États-Unis avec ce qui allait devenir la culture pop. Ils ouvrirent la voie à une dizaine d'autres groupes britanniques de musique pop, mais aussi à la mode, en la personne de Mary Quant, avec des mannequins comme Jean Shrimpton dite Twiggy, et enfin aux films anglais tels que Alfie, Georgy Girl, The Collector, *et* The Family Way.

Ensuite, j'ai étudié Shakespeare et, en 1966, j'ai fait mon premier voyage en Angleterre. Puis je me suis mise à écrire mes premières nouvelles et, lorsque je décidai que l'écriture était ma voie, je n'ai jamais envisagé de situer mes romans ailleurs qu'en Angleterre. »

** Parmi la douzaine de romans qu'elle a écrits, les suivants sont disponibles chez Pocket :
Le lieu du crime 3319
Enquête dans le brouillard 4056
Cérémonies barbares 4206
Une douce vengeance 4333
Mal d'enfant (évoqué dans l'avant-propos sous le titre **Missing Joseph**) 4471.
Pour solde de tout compte (évoqué dans l'avant-propos sous le titre **For the sake of Elena**) 4472
Le visage de l'ennemi 10402
Un goût de cendres 10157
Un petit reconstituant 11331
Une patience d'ange 11267
Mémoire infidèle (évoqué dans l'avant-propos sous le titre **A Traitor to Memory**) 11662

dans une langue moderne et vivante qui sait toucher le plus grand nombre. Elle les situe en Angleterre et y fait évoluer des personnages de policiers de Scotland Yard qu'on retrouve de livre en livre. Ses intrigues complexes mettent en scène des personnages très fouillés (y compris les personnages secondaires) notamment quant à la complexité psychologique ; ses hitoires sont en outre écrites dans une langue parfaitement maîtrisée, qui renforce l'action par la véracité qu'elle confère au récit.

Si Elizabeth George situe ses romans en Grande-Bretagne, elle revient aux États-Unis, pour certains de ses recueils de nouvelles. C'est le cas de la nouvelle présentée dans cet ouvrage bilingue qui parut dans le recueil intitulé en anglais *I, Richard*. Décrivant des lieux ordinaires, habités par des gens normaux qui ont les mêmes problèmes ou projets que chacun d'entre nous, elle y explore le côté sombre des gens ordinaires, et ce dont ils sont capables pour satisfaire leurs désirs ou leurs ambitions. Elle y sonde les profondeurs de la nature humaine et de ses faiblesses. Dans la nouvelle qui est traduite et annotée dans cet ouvrage bilingue, *Troubles de voisinage* (***Good fences are not enough******), elle montre qu'on peut s'attendre à n'importe quoi des voisins lorsque, dans le cadre quasiment idyllique d'une petite bourgade de banlieue dont les habitants visent à une sorte de perfection urbaine, une menace survient à cause d'une étrangère venue s'installer avec ses projets et ses animaux favoris. Dès lors, les surprises vont s'enchaîner jusqu'à la dernière ligne d'un récit confrontant les petis-bourgeois de l'Amérique suburbaine à l'histoire mondiale contemporaine.

*****Good fences aren't always enough** : mot à mot : *Des bonnes palissades ne suffisent pas toujours.* Allusion à un poème de **Robert Lee Frost**, poète américain (1874-1963) qui célébra la Nouvelle-Angleterre dans de nombreux poèmes. Principaux recueils : *A Boy's Will* (1913) et *North of Boston* (1914), où apparaît *Mending Wall*, dans lequel figurent les vers auxquels **Elizabeth George** se réfère :
Before I built a wall I'd ask to know
What I was walling in or walling out
And to whom I was like to give offence
Si je devais construire un mur, je me demanderais
Ce que j'y garde à l'abri, ce que je tiens à l'écart
Et à qui je risquerais de porter offense

So often[1] I'm asked where my ideas for stories come from. I always answer in the same way: Story ideas come from everywhere and anywhere. I might see[2] a wire service[3] article in the LA Times[4] and realize that it contains the kernel for a novel, as I did when I wrote **Well-Schooled in Murder[5].** *I might see an expose[6] in a British newspaper and decide that it can serve as the foundation for a novel, as I did when I wrote* **Missing Joseph[7].** *I might want to use a specific location[8] in one of my books, so I'll design a story that fits into that location, as I did when I wrote* **For the Sake of Elena[9].** *I might see someone on the street or in the underground[10], overhear a conversation between two individuals, listen to someone's experience[11], study a photograph, or determine that a particular type of character would be interesting to write about. Or sometimes what stimulates the story idea is a combination of any of these things.*

Often, when I've completed a project, I can't remember what got me started on it in the first place. But that's not the case with the following short story.

---

1. **so often** = **every now and then** : *de temps à autre, de temps en temps, régulièrement, périodiquement.*
2. **I might see…** : *Il se pourrait que je voie/que j'aie vu* ; le conditionnel et/ou passé de **might**, indique ici une éventualité, une possibilité dans le temps ou dans l'espace. **May** et **might** indiquent aussi la permission.
3. **a wire service** : mot à mot : un service de/par fil/câble ; **wire**, *fil métallique*, a conservé son sens des premiers temps de la *téléphonie/graphie sans fil* (*TSF*, **wireless, radio**). **To wire** (US), *envoyer un télégramme* (GB **to cable, to send a telegram**).
4. **LA Times** = *Los Angeles Times*, le plus célèbre quotidien de la côte ouest des États-Unis tire à 1100000 exemplaires chaque jour, et pèse 500 grammes en semaine, 2 kilos le dimanche…

(UNE BONNE CLÔTURE NE SUFFIT PAS TOUJOURS)

AVANT-PROPOS

Bien souvent on me demande d'où me viennent les idées de mes histoires. Je réponds toujours de la même manière : ces idées viennent de partout et de n'importe où. J'ai pu lire une dépêche d'agence dans le Los Angeles Times et me rendre compte qu'elle contient le noyau d'un roman, comme ce fut le cas lorsque j'ai écrit À l'école du crime. J'ai pu tomber sur une révélation scandaleuse dans un journal britannique et décider que ce serait le point de départ d'un roman, comme pour Mal d'enfant. Ou bien j'ai pu vouloir me servir d'un lieu particulier pour un de mes livres et donc concevoir une histoire qui colle à cet endroit, comme je l'ai fait dans Pour solde de tout compte. Ou encore j'aurais vu quelqu'un dans la rue ou dans le métro, surprendre une conversation entre deux personnes, écouter l'expérience vécue de quelqu'un, examiner une photo, ou alors déterminer que tel type de personnage serait intéressant à décrire. Parfois, ce qui déclenche l'histoire est une combinaison de tout ou partie de ces éléments.

Souvent, après avoir mené un projet à bien, je suis incapable de me rappeler ce qui au départ m'a mise à l'œuvre. Mais ce n'est pas le cas de la nouvelle qui suit.

---

5. **Well-schooled in Murder**, mot à mot Entraîné au meurtre.
6. **Exposé**, mot d'origine française qui signifie révélation d'un fait scandaleux, divulgation de comportements regrettables ou condamnables, souvent par la presse. Autre exemple : **an exposé of government corruption**, une dénonciation de la corruption du gouvernement.
7. **Missing Joseph**, mot à mot Joseph a disparu.
8. **Location**, situation, site, localisation, emplacement. Attention ! location : selon le cas, **renting** (logement, voiture…), **hiring** (personnel, voiture aux USA), **booking** (transport, spectacle…).
9. **For the sake of Elena**, mot à mot Dans l'intérêt/Pour le plus grand bien d'Hélène. **For the sake of**…, pour l'amour de … : **for God's sake**, pour l'amour de dieu ; dans l'intérêt de…, **for the sake of peace**, dans l'intérêt de la paix.
10. **underground** : métro(politain) ; l'auteur, qui situe fréquemment ses romans en Grande-Bretagne où elle vit une grande partie du temps, utilise ici le mot d'origine britannique plutôt que **subway**, plus fréquent aux États-Unis. On notera en passant que les emprunts réciproques de mots et de structures sont habituels et acceptés entre les pays anglophones, surtout entre les États-Unis et la Grande-Bretagne.
11. **experience** : expérience acquise ou vécue ; expérience (de type scientifique), expérimentation : **experiment**.

9

In october of 2000, I went on a walking and hiking[1] tour[2] of Vermont[3] after I'd completed the second draft of my novel A Traitor to Memory[4]. I'd long wanted to see the New England fall[5] colors[6], and this trip was to be my reward for a long and enervating time spent at the computer over the fifteen months of writing two drafts of a complicated book. My intention was to see and to photograph the landscape.

As I was traveling[7] on my own[8], I decided to sign up[9] for a tour of other like-minded individuals[10] interested in the exercise and the atmosphere. We stayed in country inns at night, and during the day we hiked through some of the most spectacular foliage[11] I've ever seen. We had two guides, Brett and Nona. What one of them didn't know about the flora, the fauna, the topography, and the geography of the region, the other one did.

It was while we were on one of these hikes that Nona told me the story of an eccentric woman who once lived near her own home. As soon as I heard the tale, I knew I was listening to the kernel[12] of a short story that I would write.

And when I got home from hiking in Vermont, that's what I did. It seemed fitting to use a variation of a line[13] from Robert Frost—that famous literary[14] New Englander—as the title for my piece.

---

1. **to hike** : *faire une randonnée, marcher à pied*. **To hitchhike**, *faire de l'autostop* ; **hiker** : *randonneur -euse* ; **hike** : *randonnée pédestre*.
2. **tour** : *voyage organisé, tour, circuit* ; *excursion, randonnée*.
3. **Vermont**, un des plus petits états au nord-est des États-Unis, au relief assez accidenté, et très peu urbanisé. Environ 25000 km² et 580000 habitants.
4. *Traitor to memory*, mot à mot *Traître au souvenir*.
5. **fall** : américanisme pour (GB) **autumn**, *l'automne*. Elizabeth George, qui vit une grande partie du temps en Grande-Bretagne, utilise parfois le mot **autumn**, comme d'ailleurs d'autres mots plutôt britanniques.
6. **colors** : noter l'absence de « u » dans les finales « or » en américain, là où on a « our » en anglais britannique.

En octobre 2000, je suis allée faire une randonnée à pied dans le Vermont, après avoir terminé la deuxième mouture de mon roman Mémoire infidèle. *Cela faisait longtemps que je voulais admirer les couleurs de l'automne de la Nouvelle-Angleterre, et cette balade devait être ma récompense pour avoir, au cours des quinze mois écoulés, passé de longues heures exténuantes sur mon ordinateur à écrire deux moutures d'un livre complexe. J'avais l'intention d'aller voir les paysages pour les photographier.*

Comme je voyageais seule, je décidai de m'inscrire à un groupe d'autres personnes intéressées comme moi par l'effort et par l'atmosphère. Nous passions les nuits dans des auberges de campagne et, pendant la journée, nous marchions sous les frondaisons les plus spectaculaires que j'aie jamais vues. Nous avions deux guides, Brett et Norma. Ce que l'un ignorait de la flore, de la faune, de la topographie ou de la géographie de la région, l'autre le savait.

C'est au cours d'une de ces balades que Norma me raconta l'histoire de cette femme excentrique qui avait un temps vécu près de chez elle. Dès que j'entendis son récit, je sus que je tenais le noyau d'une nouvelle que j'écrirais.

Et en rentrant chez moi après cette randonnée dans le Vermont, c'est bien ce que je fis. Il m'a paru approprié de donner une variation autour d'un vers de Robert Frost, le célèbre écrivain de Nouvelle-Angleterre, comme titre à mon ouvrage.

---

7. **traveling on my own** : noter l'absence de redoublement de la consonne finale en américain, en syllabe inaccentuée, contrairement à l'usage britannique.

8. **on my own** : (de/par) *moi-même, tout/e seul/e.*

9. **to sign up** : attention à la prononciation [saɪn ʌp].

10. **like-minded individuals** : mot à mot *des individus au même esprit.*

11. **foliage** [ˈfəʊlɪdʒ] *feuillage.*

12. **kernel** : *noyau* (d'un fruit sec), *amande, cœur* etc.

13. **line** : 1) (ici) *vers* 2) *ligne, trait* 3) *frontière* 4) *file, queue, rangée, colonne, série* 5) *activité* 6) *article.*

14. **literary** : (adj.) *littéraire, lettré.*

TWICE EACH YEAR A NEIGHBORHOOD[1] **IN the attractive old town of East Wingate managed to achieve**[2] **perfection.** Whenever this happened—or perhaps as an indication *that* it had happened—the *Wingate Courier* celebrated the fact with a significant spread of appropriately laudatory column inches[3] dead in the center[4] of its small-town pages[5], photos included. Citizens of East Wingate who wanted to better[6] their social standing, their quality of life, or their circle of friends then tended to flock to that neighborhood eagerly, with the hope of picking up a piece of real estate[7] there.

Napier Lane was just the sort of place that could at any moment and in the right circumstances be named A Perfect Place to Live[8]. It was very high on potential if not quite there in every respect. It had atmosphere provided by enormous lots, houses over a century old, oaks, maples and sycamores even older, sidewalks[9] cracked with time and character, picket fences, and brick paths that wound[10] through front yards[11] lapping against the sort of friendly porches[12] where neighbors gather on summer nights. If every house had not yet been restored by some young couple with a lot of energy and inclined to nostalgia, there was in Napier Lane's curves and dips[13] an open promise that renovation would come to them all, given enough time[14].

---

1. **neighborhood** : *voisinage* ; formé sur **neighbor** : noter la finale **or** (voir note 6 p. 10). L'ajout de la désinence **hood** indique l'appartenance à un ensemble plus général : **child**, *enfant* ; **childhood**, *enfance* ; **brother**, frère, **brotherhood**, *fraternité*, etc.
2. **to achieve** : attention au sens de ce verbe : *parvenir à, réussir à. Achever* : **to complete, to bring to an end, to end** etc.
3. **inch(es)**, *pouce(s)* : mesure traditionnelle impériale qui tend à disparaître au profit du système décimal. **1 inch** = *2,54 cm.*
4. **dead in the center** : *exactement, juste, pile au centre/au milieu, en plein centre, au beau milieu.* Noter la finale **er** de **center** en américain, au lieu de **centre** en anglais britannique. Autre exemple : **theater**.

12

Deux fois l'an, un certain quartier de la charmante bourgade ancienne d'East Wingate atteignait à une sorte de perfection. Chaque fois que cela se produisait, ou peut-être pour témoigner que *cela* s'était produit, les *Nouvelles de Wingate* célébraient l'événement par un étalage substantiel de centimètres, photos comprises, de colonnes convenablement louangeuses au beau milieu de ses pages locales. Les citoyens d'East Wingate qui souhaitaient améliorer leur statut social, leur qualité de vie ou le cercle de leurs amis avaient alors tendance à se presser avidement dans ce faubourg, dans l'espoir d'y grappiller un bout de propriété.

Napier Lane était typiquement le genre d'endroit qu'on pourrait à tout moment et dans les circonstances appropriées qualifier de « Résidence Idéale ». Il disposait d'un potentiel très élevé même s'il n'était pas avéré à tous égards. Il s'en dégageait une atmosphère grâce à des terrains gigantesques, des maisons plus que centenaires, des chênes, des érables et des sycomores encore plus anciens, des contre-allées craquelées par la patine du temps et du caractère, des barrières en bois et des allées de briques qui sinuaient à travers des jardins pour venir lécher des vérandas accueillantes où, les soirs d'été, se réunissent les voisins. Si chacune des maisons n'avait pas encore été rénovée par quelque jeune couple plein d'énergie et enclin à la nostalgie, on discernait dans les courbes et les pentes de Napier Lane une promesse affichée qu'avec le temps, la rénovation les gagnerait toutes.

---

5. **small-town pages** : mot à mot *les pages de la cité* (petite ville).

6. **to better** : synonyme. **to improve**, *améliorer*.

7. **real estate** : de manière générale *bien(s) immobilier(s)*. **Realtor** (US), **real estate agent** (GB) : *agent immobilier*.

8. **A Perfect Place to Live** : mot à mot *Un lieu idéal où vivre* ; notez, dans les titres, l'emploi systématique, surtout en anglais US, des majuscules.

9. **sidewalk** : *trottoir* (US) ; anglais britannique : **pavement**.

10. **to wind** : *faire des méandres, sinuer*. Attention à la prononciation : [waïnd], ≠ de **wind** [wind], *le vent*.

11. **front yard** (US) : *jardin de devant* les maisons en ville ; de même **back yard** : *jardin de derrière*. En anglais britannique, on utilise plutôt **front garden** et **back garden**.

12. **porch** : *véranda, porche* (maison) ; *portique, porche* (église), bâtiment public). Pour une demeure privée, **Porch** est plutôt britannique, l'américain utilisant volontiers **veranda**.

13. **dip(s)** : *pente(s), petite(s) côte(s)* ; *plongeon, baignade, trempette* ; *mèche*.

14. **given enough time** : mot à mot *assez de temps (étant) accordé*.

13

On the rare occasion that a house on Napier Lane came up[1] for sale, the entire neighborhood held its breath[2] to see who the buyer would be. If it was someone with money, the purchased house might join the ranks of those painted, glistening sisters[3] who were raising[4] the standard of living one domicile at a time. And if it was someone with easy access to that money and a profligate[5] nature to boot[6], chances[7] were that the renovation of the property in question might even occur[8] quickly. For it had been the case[9] that a family now and then had bought a house on Napier Lane with restoration and renovation in mind, only to discover upon embarking on the job how tedious[10] and costly it actually[11] was. So more than once, someone began the Augean project[12] that's known as Restoring a Historic Property, but within[13] six months admitted defeat and raised the for sale sign of surrender without getting even within[14] shouting distance of completion[15].

Such was the situation at 1420. Its prior[16] inhabitants had managed to get its exterior painted and its front and back yards cleared[17] of weeds and debris[18] that tend to collect upon a property when its owners aren't hypervigilant, but that was the extent of it[19].

---

1. **to come up** : (ici) *se trouver, se présenter* ; *monter, se lever* (soleil) ; *se poser* (question).
2. **breath** [brəθ], mais **to breathe** [bri:ð].
3. **glistening sisters** : mot à mot *ses sœurs brillantes*.
4. **to raise** [reɪz] *lever, soulever, élever* ; **to raise money** : *se procurer de l'argent*.
5. **profligate** : (ici) *prodigue* ; *débauché, dissolu*.
6. **to boot** : *en sus, par-dessus le marché, de surcroît, en prime*.
7. **chances were**, mot à mot *les chances étaient (de/que)*.
Chance (n.) : *opportunité, occasion favorable, circonstance heureuse* ; *probabilité*.
8. **to occur** [ə'kɜ:ʳ] ; attention à l'orthographe → **occured** ; **occurrence**, *circonstance, événement*.
9. **case** [keɪs].
10. **tedious** ['ti:dɪəs] *ennuyeux -euse* ; *fastidieux -euse*.

Lorsque survenait une des ces rares occasions où une propriété de Napier Lane se trouvait à vendre, le voisinage tout entier retenait son souffle en attendant de voir qui en serait l'acheteur. S'il s'agissait de quelqu'un d'aisé, la maison acquise pourrait peut-être rejoindre les rangs de ses semblables, brillamment repeintes, qui, maison après maison, relevaient le niveau de vie collectif. Et si cet acheteur avait de l'argent à profusion et était, de surcroît, de nature prodigue, il y avait de bonnes chances que la rénovation de la résidence en question survienne rapidement. Car il était déjà arrivé, de temps à autre, qu'une famille acquière une maison de Napier Lane avec l'intention de la restaurer et de rénover, pour découvrir en se lançant dans l'aventure combien celle-ci était en réalité onéreuse et ennuyeuse. Aussi plus d'une fois quelqu'un s'était-il lancé, tel Hercule avec les écuries d'Augias, dans ce projet fou connu sous le nom de « Restauration d'une Demeure Historique » pour, en moins de six mois, reconnaître sa défaite et afficher sa reddition en accrochant une pancarte « à vendre » avant même d'entrevoir ne serait-ce que l'ombre d'un commencement de début d'achèvement des travaux.

Telle était la situation au numéro 1420. Ses occupants d'origine avaient réussi à faire repeindre les extérieurs et nettoyer les jardins de devant et de derrière de toutes les mauvaises herbes et de tous les détritus qui tendent à envahir une propriété si ses propriétaires manquent tant soit peu de vigilance, un point c'est tout.

---

11. **actually** : attention au sens parfois trompeur : *réellement, vraiment. Actuellement*, **now**, **right now**, **at this time** etc.

12. **Augean project** : mot à mot le projet augéen, *le projet d'Augias.*

13. **within** : [*compris*] (espace) [*compris*] *dans* ; *à l'intérieur de...* (espace), (temps) *en moins de...* (temps). Plus loin **within shouting distance** : plus loin encore : **within sight of**.

14. **within shouting distance** : mot à mot, *à distance de clameur.*

15. **completion** : *achèvement, terme, fin, aboutissement.*

16. **prior** [praɪə] *antérieur.*

17. **to clear** : (ici) *déblayer, nettoyer* ; *éclaircir* ; *innocenter* ; *dédouaner.*

18. **debris** ['debri:/'deɪbri:] : *reste(s), ruines, détritus.*

19. **that was the extent of it** : mot à mot, *c'en était la mesure.*

The old house sat like Miss Havisham[1] fifty years after the wedding that didn't happen: dressed to the nines externally but a ruin[2] inside and languishing in a barren[3] landscape of disappointed dreams. Literally everyone within sight of 1420 was anxious[4] to have someone take on the house and set it to rights[5].

Except Willow McKenna, that is[6]. Willow, who lived next door, just wanted good neighbors. At thirty-four and trying to get pregnant with her third of what would ultimately be—some years hence[7]—seven children, Willow hoped merely for a family who shared her values. These were simple enough: a man and a woman committed to[8] their marriage who were loving parents to[9] an assortment of moderately well behaved children. Race, color, creed[10], national origin, political affiliation, automotive inclination, taste in interior decoration ... none of that mattered. She was just hopeful that whoever bought 1420 would be a positive addition to what was, in her case, a blessed[11] life. A solid[12] family represented that, one in which the dad went out to a white collar[13] if not distinguished job, the mom remained at home and saw to[14] the needs of her children, and the children themselves were imaginative but obedient, with evident respect for their elders[15], happy, and carrying no infectious diseases. The number of children didn't matter. The more the better[16], as far as Willow was concerned.

---

1. **Miss Havisham** : dans les *Grandes espérances* (***Great Expectations***, Charles Dickens, 1860), Miss Havisham vit en recluse ; depuis que son mariage s'est brisé, cette femme n'a déplacé aucun des meubles de sa demeure.
2. **ruin** ['ruɪn], ruine.
3. **barren**, *dénudé, désertique.,...*
4. **anxious to** : *vivement désireux de, inquiet de, avide de.*
5. **set to rights** : *remis en ordre, d'aplomb.*
6. **that is [to say]** : *c'est à dire* ; *en fin de phrase* : *en somme, à vrai dire, en fait.*
7. **hence** : *par conséquent, à la suite de quoi, donc* ; *après unité de temps ou de distance* : *d'ici, dans.*

La vieille demeure se tenait un peu comme mademoiselle Havisham cinquante après le mariage qui n'eut jamais lieu : sur son trente et un à l'extérieur, mais en loques à l'intérieur et dépérissant dans un paysage rasé de rêves en ruines. Tous ceux qui avaient vue sur le 1420 étaient littéralement avides de voir quelqu'un reprendre la maison pour la remettre en état.

Tout le monde sauf Willow McKenna, en fait. Willow, qui habitait la maison voisine, voulait seulement avoir des voisins agréables. À trente-quatre ans, essayant d'être enceinte du troisième des sept enfants qu'elle comptait bien avoir d'ici quelques années, Willow souhaitait simplement une famille qui partagerait ses propres valeurs. Celles-ci étaient plutôt simples : un homme et une femme impliqués de façon responsable dans leur mariage, parents aimant d'un assortiment d'enfants suffisamment bien élevés. Pour ce qui est de la race, de la couleur, de la religion, de la nationalité, de l'appartenance politique, des goûts en matière d'automobile ou de décoration intérieure... rien de cela n'importait vraiment. Elle souhaitait juste, quel que soit l'acheteur du 1420, qu'il apporte une contribution positive à ce qui, dans son cas, constituait une vie de bonheur sans nuage. Ce que représentait bien une famille solide, une famille où le père se rend à son travail dans un bureau, même si ce n'était pas très reluisant, où la mère reste à la maison pour pourvoir aux besoins de ses enfants et où ces derniers, eux-mêmes, sont imaginatifs mais obéissants, avec un respect patent pour leurs aînés, sont pleins de gaieté mais indemnes de maladies contagieuses. Peu importait le nombre d'enfants. En ce qui concernait Willow, plus il y en avait, mieux c'était.

---

8. **committed (to)** : *dévoué* (à), *se consacrant entièrement* (à), *qui s'engage* (à).
9. **parents to** : *parents de* ; notez la préposition **to**. On aurait de même : **assistant to**, *assistant de*.
10. **creed**, *profession de foi, croyance, foi* ; *culte, secte*.
11. **blessed** : *béni* ; notez la prononciation ['blesɪd/'blesəd]
12. **solid** (*adj.*) : *massif, plein, dense, solide*. **Solid gold**, *or massif*. **For two solid hours**, *pendant deux bonnes heures*. *Solide* = *résistant* se dira plutôt **strong, hard, hard-wearing** (GB), **long-wearing** (US), **robust**.
13. **white-collar** : (figuré) : *employé de bureau*, par opposition à **blue-collar**, *ouvrier*.
14. **to see to** : *veiller à* (qq ch) ; *s'occuper de, prendre soin de* (qqun, qq ch).
15. **elders** : (*les*) *aînés*.
16. **the more the better** : raccourci de « **the more there/we are, the better it is** » ; de même : **the more, the merrier**, *plus on est* (*de fous*), *plus on rit*.

Having grown up with no relations[1] of her own but always clinging to the futile hope that one set of foster parents[2] or another would actually want to adopt her, Willow had long made family her priority. When she'd married Scott McKenna, whom she'd known since[3] her sophomore year[4] in high school[5], Willow had set about[6] making for herself what fate and a mother who'd abandoned her in a grocery store[7] had long denied her. Jasmine came first. Max followed two years later. If all went according to plan, Cooper or Blythe would arrive next. And her own life, which had lately[8] felt dark, cold, and cavernous with Max's entry into kindergarten, would once more stretch and fill and bustle[9], relieving the nagging[10] press of anxiety that she'd been experiencing[11] for the last three months.

"You could go to work, Will," her husband Scott had counseled. "Part-time[12], I mean. If you'd like, that is. No need financially and you'd want to be here when the kids get home from school anyway."

But a job wasn't what Willow wanted. She wanted the void filled in a way only another baby could fill it.

---

1. **relations** : *parents* (autres que le père et la mère), *famille* ; *relations, connaissances, accointances.*
2. **foster parents** : *famille* (**parents** = le père et la mère) *d'accueil* pour les enfants orphelins ou abandonnés ; *parents adoptifs.*
3. **whom she'd known since...** : notez l'emploi du *plus que parfait*, **pluperfect**, anglais pour indiquer une action débutée dans le passé et qui se poursuit.
4. **sophomore year** (ou **10th grade** en **high school**) : aux États-Unis, deuxième année d'étude d'un cycle donné.
5. **high school** : surtout ne pas traduire par « grande école » ! Il s'agit de l'équivalent américain du lycée (en **GB**, **grammar school** ou **comprehensive school**). Les quatre années de fin d'études secondaires conduisant au « **high school diploma** », équivalent approximatif du baccalauréat, sont familièrement nommées **freshman**, **sophomore**, **junior**, **senior** (± *terminale*). On retrouve ces quatre mêmes termes pour désigner, dans le même ordre, les quatre années d'études supérieures

Ayant grandi sans famille bien à elle, mais toujours accrochée à l'espoir futile qu'un couple de parents nourriciers ou un autre voudrait effectivement l'adopter, Willow avait fait depuis longtemps de la famille sa priorité. Lorsqu'elle épousa Scott McKenna, qu'elle connaissait depuis sa deuxième année de lycée, Willow s'était résolue à faire ce que le destin et une mère qui l'avait abandonnée dans une épicerie lui avait toujours refusé. Jasmine vint en premier. Max la suivit deux ans plus tard. Si tout se passait comme prévu, Cooper ou Blythe serait le prochain ou la prochaine. Et sa propre vie qui, ces temps derniers, avait pris l'aspect sombre et froid d'une caverne avec l'entrée de Max à l'école maternelle, reprendrait sa dimension pleine et active, soulageant la pression lancinante de l'angoisse qu'elle éprouvait depuis ces trois derniers mois.

— Tu pourrais travailler, Will, lui avait conseillé son mari. « À temps partiel, bien sûr. Et uniquement si ça te chante, évidemment. Ce n'est pas une question d'argent, et de toute manière tu voudras être présente quand les enfants rentreront de l'école. »

Mais ce n'était pas d'un travail que Willow avait besoin. Elle voulait combler un vide que seul un nouveau bébé pourrait combler.

---

conduisant au 1er grade universitaire américain, le **BA** (**Bachelor of Arts**) ou le **BS** (**Bachelor of Science**).
6. **to set about** : *se mettre à*, *entreprendre*.
7. **grocery store**, *épicerie* ; dans ce commerce de proximité on vend à peu près toutes les provisions denrées nécessaires à la vie quotidienne : aliments frais ou en conserve, boissons diverses, épices, droguerie, articles d'hygiène… Les (**giant**) **supermarkets** tendent à les remplacer un peu partout.
8. **lately** : (adv.) *dernièrement*.
9. **stretch and fill and bustle** : mot à mot, *s'étendrait, se remplirait et s'affairerait*.
10. **to nag** : *harceler, accabler*.
11. **to experience** [ɪksˈpɪərɪəns] *éprouver, connaître, souffrir de* mais → **to experiment** [ɪksˈperɪmənt] *expérimenter, faire une expérience*.
12. **part-time** : à *temps partiel*, mais aussi, souvent, à *mi-temps*.

That was where her inclinations[1] lay: toward family and babies and not toward neighborhoods[2] that might or might not be designated Perfect Places to Live. So when the sold sign appeared over the realtor's[3] name on 1420, what she wondered[4] was not when the new neighbors might logically be expected to make the necessary improvements to their environment—a front yard edged[5] by a new picket fence would be a good place to start, thought the Gilberts who lived on the *other* side of 1420—but rather how big the family was and would the mom[6] want to exchange any recipes[7].

Everyone, it turned out[8], was disappointed. For[9] not only did no instant transformation take place in 1420 Napier Lane, but no family moved a plethora of belongings into the old Victorian house at all. Make no mistake[10]: A plethora of items[11] *were* delivered. But as for the mom, the dad[12], the teeming[13] happy shouting children that were meant[14] to accompany those items ... they did not materialize. In their place came one lone woman, one lone[15] and—it must be said—rather odd[16] woman.

She was called Anfisa Telyegin, and she was the sort of woman about whom[17] rumors spring up[18] instantly.

---

1. **to lie, lay, lain** : *se situer, se trouver ; être allongé* ; ne pas confondre avec **to lay laid, laid,** *poser.*
2. **neighborhood, neighbor** : orthographe US **neighbourhood, neighbour,** orthographe GB.
3. **realtor = (real) estate agent** : *agent immobilier* ; **real estate,** *immobilier* ; **real estate developer,** *promoteur immobilier.*
4. **what she wondered was not...** : mot à mot *ce qu'elle se demandait n'était pas...* ; **to wonder** : 1) (ici) *se demander* 2) *s'émerveiller.*
5. **to edge** : 1) (ici) *border* 2) *se faufiler, se glisser.*
6. **mom** (US) : diminutif *maman.*
7. **recipe** notez la prononciation ['resıpı/'resəpı].
8. **to turn out** : (ici) *se révéler, arriver.*
9. **for** : (ici) conjonction, *car* ; préposition : *pour* ; *de* ; *malgré* ; *pendant* ; *depuis.*

C'est là que ses inclinations la portaient : vers la famille et les enfants, et pas vers tel ou tel quartier qui serait, ou ne serait pas, le Lieu Idéal de Résidence. Aussi, lorsque au numéro 1420 apparut le panneau « vendu » par dessus le nom de l'agent immobilier, elle ne se posa pas la question de savoir quand, en bonne logique, on pouvait attendre des nouveaux voisins qu'ils apportent les améliorations indispensables à l'environnement (d'après les Gilbert, qui habitaient de l'*autre* côté du 1420, border le jardin de devant d'une palissade neuve en bois serait un bon début), mais bel et bien de combien d'enfants se composait la famille, et si la maman voudrait bien échanger des recettes.

Il advint que chacun fut déçu. En effet, aucune transformation n'apparut au 1420 de Napier Lane, mais aucune famille ne transporta dans la vieille maison victorienne une pléthore d'effets personnels. Entendons-nous bien : il y eut bien emménagement d'une pléthore d'objets divers. Mais pour ce qui est d'une maman, d'un papa et d'une ribambelle d'enfants joyeusement chahuteurs qui auraient dû aller avec ces objets ... jamais ils ne se matérialisèrent. À leur place, on vit uniquement une femme, une femme seule et, il faut bien le dire, assez étrange.

Elle se nommait Anfisa Telyeguine, et elle appartenait à ce genre de femmes qui suscite instantanément la rumeur.

---

10. **make no mistake** : mot à mot *ne faites pas d'erreur.*

11. **items** [ˈaɪtəmz] : *articles, éléments* (d'une énumération).

12. **dad** (abrév.) *papa.*

13. **to teem** : *grouiller, abonder, être fécond* ; **teeming** : *riche, abondant* (en), *plein* (de).

14. **that were meant = that were supposed**, *qui étaient censés...*

15. **lone** : *seul, solitaire* ; à la différence de **alone**, cet adjectif se place devant le nom qu'il qualifie.

16. **odd** : *impair* (nombre, ≠ **even**, *pair*) ; *dépareillé* ; *singulier, bizarre* ; *d'appoint.*

17. **the sort of woman about whom** : mot à mot *le genre de femme à propos de qui...*

18. **to spring up** : *pousser, grandir* ; *se lever précipitamment* ; *surgir, survenir.*

First, there was her general appearance, which can largely be described by the single word *gray*[1]. Gray as to hair, gray as to complexion, gray as to teeth and eyes and lips, gray as to personality as well. She was much like chimney smoke in the dark—definitely present but indecipherable as to its source. *Creepy*[2], the youngsters[3] on Napier Lane called her. And it wasn't a leap of too much imagination to expand from that to the less pleasant *witch*[4].

Her behavior didn't help matters. She returned neighborly hellos with the barest courtesy[5]. She never answered her doorbell[6] to children selling[7] Girl Scout cookies, candy, magazines, or wrapping paper[8]. She wasn't interested in joining[9] the Thursday morning mothers' coffee that rotated among the houses of the stay-at-home moms. And—this was perhaps her biggest sin—she showed no inclination to join in a single[10] one of the activities that Napier Lane was certain would help it top[11] the short list[12] of spots designated in East Wingate as models of perfection. So invitations to progressive[13] dinners were ignored[14]. The Fourth of July[15] barbecue might not have occurred at all. Christmas caroling did not see her participate. And as for using part of her yard for the Easter egg hunt ... The idea was unthinkable.

---

1. **gray** : autre orthographe : **grey**.
2. **creepy** : *qui donne la chair de poule, horrifique, horrible, terrible*.
3. **youngsters** : *gamins, gosses, mioches* ,; *jeunes gens*.
4. **witch** : *sorcier(ère), magicien(ne)* ; **witchcraft** : *sorcellerie, magie noire*.
5. **the barest courtesy** : mot à mot la plus simple courtoisie ; **bare** : *nu, découvert* ; *simple, strict*.
6. **doorbell** : *sonnette de porte*.
7. **children selling**... les enfants américains ont coutume, dans le cadre du quartier ou du village, d'aller de porte en porte récupérer de l'argent en échange de produits de leur industrie confection ou de leurs talents artistiques ou autres. Ce phénomène a gagné l'Europe et même la France avec la fête d'origine celtique d'**Hallowe'en** et son célèbre « **treats or tricks** », « *une récompense ou gare aux farces !* »

Il y avait d'abord son apparence générale, qu'on peut globalement décrire d'un seul mot : *grise*. Gris ses cheveux, gris son teint, gris ses dents, ses yeux, ses lèvres, grise aussi sa personnalité. Elle avait tout de la fumée dans un conduit de cheminée : tout à fait omniprésente, mais d'origine mystérieuse. *Terrifiante*, disaient d'elle les gamins de Napier Lane. Et il ne fallait pas beaucoup d'imagination pour passer de ce terme à celui, moins aimable, de *sorcière*.

Et son comportement n'arrangeait rien. Elle répondait aux les saluts du voisinage de façon tout juste courtoise. Jamais elle ne répondait aux coups de sonnette des enfants venus lui vendre gâteaux, bonbons, revues ou papier-cadeau au profit des jeannettes. Elle ne manifestait pas le moindre intérêt pour participer au café du jeudi matin que les mères au foyer organisaient à tour de rôle chez elles. Enfin —et c'était là sans doute son pire péché— elle ne montrait aucune inclination pour s'inscrire à l'une quelconque des activités dont le tout Napier Lane était persuadé qu'elles contribuaient à propulser le quartier en tête du palmarès des coins décrits à East Wingate comme des modèles de perfection. Ainsi les invitations à des dîners destinés à encourager le progrès étaient-elles ignorées. Le barbecue du 4 juillet aurait tout aussi bien pu ne jamais exister. Les soirées de chants de Noël ne la voyaient jamais. Quant à utiliser un bout de son jardin pour la Chasse aux Œufs de Pâques...il ne fallait même pas y songer.

---

8. **wrapping paper** : *papier d'emballage, papier cadeau*. **To wrap** : *envelopper, emballer*.

9. **to join** : *participer, s'inscrire, adhérer, se mêler*.

10. **single** : *célibataire ; unique, seul, solitaire* ; **~ ticket** : *aller simple* (GB ; US **one-way ticket**); **~bed** : *lit d'une place ; célibataire*.

11. **would help it top** : noter la construction de **to help** avec un infinitif sans **to**. **To top** : *être/arriver en tête, au sommet, dominer, faire mieux que les autres*. **To top the bill** : *être au sommet de l'affiche, en tête de la distribution* (cinéma, théâtre, politique).

12. **short list** (GB) *liste réduite des gens arrivés en tête, palmarès* (concours, sélection etc.) ; **to short-list**, *sélectionner* (les meilleurs, les mieux adaptés...)

13. **progressive** : *progressif ; dynamique ; qui soutient les idées de progrès*.

14. **ignored** notez la prononciation [ıgˈnɔːᵲd] : *ne tenir aucun compte de, refuser de prendre en considération, ignorer* (par indifférence, dédain ou mépris) ; *ignorer, ne pas savoir* : **not to know, not to be aware of, to be ignorant of**.

15. **Fourth of July** ou **Independence Day**, fête nationale américaine, commémorant la signature de la Déclaration d'indépendance des colonies anglaises le 4 juillet 1776, et célébrée avec faste et enthousiasme par tous les Américains, chez eux ou à l'étranger.

Indeed, six months into her acquisition of 1420 Napier Lane, all anyone knew of Anfisa Telyegin was what they heard and what they saw. What they heard was she taught Russian language and Russian literature[1] at night at the local community college[2]. What they saw was a woman with arthritic hands, a serious and regrettable case of dowager's hump[3], no interest in fashion, a tendency to talk to herself, and a great passion for her yard.

At least, that was how it seemed at first because no sooner had[4] Anfisa Telyegin removed the for sale sign from the dusty plot[5] that was her front yard but she was out there murmuring to herself as she planted English ivy[6] which she proceeded to fertilize, water, and baby[7] into a growth spurt unparalleled in the history of the lane.

It seemed to people that Anfisa Telyegin's English ivy grew overnight[8], crawling along the packed earth and sending out tendrils in every direction. Within a month, the shiny leaves were flourishing like mongrel dogs[9] saved from the pound[10]. In five months more, the entire front yard was a veritable lake of greenery.

People thought at this point that she would tackle the picket[11] fence[12], which sagged[13] like knee-highs[14] on an eighty-year-old[15].

---

1. **literature** : notez l'absence de double l, du fait de l'accentuation sur la 1ʳᵉ syllabe.
2. **local community college** : aux États-Unis, institut de premier cycle universitaire financé par une collectivité territoriale, proposant généralement les deux premières années d'études supérieures, plus rarement les quatre années conduisant aux **BA** ou **BS** (cf note 5 p. 18).
3. **dowager's hump** : mot à mot *la bosse de la douairière* ... (déformation de la colonne vertébrale).
4. **no sooner had she**... notez l'inversion du sujet et du verbe, ici de l'auxiliaire, comme en français.
5. **plot** : (ici) *petit terrain, petite pièce de terre* ; **building plot** : *lotissement*. Aussi : *complot, conspiration* ; *intrigue, trame* (théâtre, cinéma).

Finalement, six mois après son acquisition du 1420, Napier Lane, tout ce qu'on savait d'Anfisa Telyeguine était ce qu'on entendait ou qu'on voyait. Ce qu'on entendait était qu'elle enseignait la langue et la littérature russes aux cours du soir de l'antenne locale de l'université. Ce qu'on voyait, c'était une femme aux mains nouées par l'arthrite, un cas grave et regrettable de cyphose, n'ayant aucun intérêt pour la mode, avec une tendance à parler toute seule et une grande passion pour son jardin.

C'est du moins ce qui apparut au premier abord car, à peine Anfisa Telyeguine eut-elle ôté la pancarte « À vendre» de la parcelle poussiéreuse qui constituait son jardin de devant, qu'on l'y vit se murmurer des choses à elle-même tout en y plantant du lierre qu'elle entreprit de fertiliser, d'arroser et de cajoler jusqu'à en obtenir une poussée de croissance sans pareille à ce jour dans toute l'histoire de la rue.

Il semblait aux riverains que le lierre d'Anfisa Telyeguine se multipliait nuit après nuit, rampant sur la terre compacte en lançant ses vrilles dans tous les sens. En moins d'un mois, les feuilles luisantes s'épanouissaient telles des bâtards rescapés de la fourrière. Cinq mois encore, et le jardinet de devant était devenue un véritable lac de verdure.

Les gens crurent qu'elle allait, à ce stade, s'attaquer à la palissade qui ployait par endroit comme les chaussettes d'un octogénaire.

---

6. **English ivy** ['aɪvɪ] : *lierre.*

7. **to baby** : *traiter comme un bébé, consacrer beaucoup de soins à, cajoler.*

8. **overnight** : *au cours de la nuit, du jour au lendemain.* **To overnight on a train/at a hotel** : *passer la nuit dans le train, à l'hôtel.*

9. **mongrel dogs** : (chiens) *bâtards, croisés* ; (personnes) *métis, croisé, « sang mêlé ».*

10. **pound** [paʊnd] *fourrière* ; ne pas confondre avec **pond** [pɒnd] *mare, étang.*

11. **picket** : *piquet (en bois)* ; *jalon.*

12. **fence** : *clôture, enceinte, barrière, haie* ; **picket fence** : *barrière en piquets de bois, palissade.*

13. **to sag** : *ployer, s'affaisser* ; *pendre, pendouiller, fléchir.*

14. **knee-highs** (US) : *chaussettes* (arrivant aux genoux).

15. **eighty-year-old** (nom) : *octogénaire.*

Or perhaps the chimneys, of which there were six and all of them guano[1] streaked and infested with birds. Or even the windows, where the same drunken[2] Venetian blinds[3] had covered the glass—without being dusted or changed—for the last fifty years. But instead, she repaired to[4] the backyard, where she planted more ivy, put in a hedge[5] between her property and her neighbors' yards and built a very large chicken coop[6] into which and out of which she disappeared and emerged at precise[7] intervals morning and night with a basket on her arm. It was filled with corn[8] on the access route[9]. It was empty—or so it seemed to anyone who caught a glimpse of the woman—on the egress[10].

"What's the old bag[11] doing with all the eggs?" asked Billy Hart who lived across the street and drank far too much beer.

"I haven't seen any eggs," Leslie Gilbert replied, but she wouldn't have, naturally, because she rarely moved from her sofa to the window during the daytime when the television talk[12] shows were claiming[13] her attention. And she couldn't be expected to see Anfisa Telyegin at night. Not in the dark and between the trees that the woman had planted along the property[14] line just beyond the hedge, trees that like the ivy seemed to grow with preternatural speed.

---

1. **guano** : *guano, fientes d'oiseaux.*
2. **drunken** : *ivre, pris de boisson.*
3. **Venetian blinds** : mot à mot *stores vénitien.*
4. **to repair** : *réparer* ; to **repair to** : *se rendre à,* [re]*gagner* (un lieu).
5. **hegde** : *haie* (de plantes, d'arbustes, de buissons).
6. **coop** [ku:p] : *poulailler.* Ne pas confondre avec **co-op**, parfois **coop** [kəʊ ɒp], abréviation de **cooperative** [kəʊˈɒpərətɪv], *coopérative* (ouvrière, de production etc.).
7. **precise** [prɪˈsais].
8. **corn** : céréale dominante ; en GB : *blé* (techniquement, *froment* = **wheat**) ; aux USA : *maïs* (tech. **maize**).
9. **on the access road** : mot à mot (ici) *sur la route d'accès* ; *bretelle d'autoroute.*

Ou bien aux cheminées, au nombre de six et toutes hachurées de guano et infestées d'oiseaux. Ou encore aux fenêtres, dont les mêmes jalousies ivres couvraient les vitres depuis cinquante ans, sans jamais avoir été dépoussiérées ou changées. Au lieu de quoi, elle passa au jardin à l'arrière de la maison où elle planta toujours plus de lierre, où elle dressa une haie entre sa propriété et les jardins de ses voisins, et où elle construisit ensuite un immense poulailler où elle disparaissait et dont elle émergeait, de jour comme de nuit, à des intervalles très réguliers, un panier au bras. À l'aller, celui-ci était rempli de maïs. À la sortie, il était vide, ou du moins le semblait-il à quiconque apercevait la femme.

— Que fait la vieille bique de tous ces œufs ? » interrogeait Billy Hart, qui habitait de l'autre côté de la rue et buvait beaucoup trop de bière.

— Je n'ai pas vu le moindre œuf, » répondait Leslie Gilbert, mais, bien entendu, elle n'aurait pas pu en voir, étant donné qu'elle quittait rarement son canapé pour se rendre à la fenêtre pendant la journée, alors que les débats télévisés requéraient toute son attention. Et elle ne risquait pas de voir Anfisa Telyeguine la nuit. Pas dans le noir, et entre les arbres que la femme avait plantés en bordure de sa propriété, juste au-delà de la haie. Ces arbres, comme le lierre, semblaient pousser à des allures surnaturelles.

---

10. **egress** : juridique ou facétieux : *issue*, *sortie* ; on dirait plus couramment **exit**, **way-out** (ici **way back**).

11. **the old bag** : mot à mot *le vieux sac* ; *la vieille, la vieille peau, la vieille bique*.

12. **talk show** : émission de télévision qui propose des débats entre plusieurs intervenants sur des sujets d'actualité ou sur des phénomènes de société.

13. **to claim** : *revendiquer, réclamer* ; *prétendre*.

claim : *réclamation* ; *demande d'indemnité* ; **claim to ownership**, *droit de propriété*.

14. **property** : (ici) *propriété* ; *biens* ; *propriété* (physique, thérapeutique).

Soon the children of Napier Lane were reacting to the solitary woman's strange habits the way children will[1]. The younger ones crossed over to the side of the street whenever passing 1420. The older ones dared each other[2] to enter the yard and slap hands against the warped[3] screen door[4] that had lost its screen the previous Hallowe'en[5].

Things might have gotten[6] out of hand[7] at this point had not Anfisa Telygin herself taken the bull by the horns: She went to the Napier Lane Veterans' Day[8] Chili Cook-off[9]. While it's true that she didn't take any chili with her, it's also true that she did not show up[10] empty-handed. And no matter that Jasmine McKenna found a long gray hair embedded in the lime Jell-O[11] salad with bananas that was Anfisa's contribution to the event. It was the thought that counted—at least to her mother if not to the rest of the neighbors—and that proffered[12] Jell-O encouraged Willow to look with a compassionate eye upon the strange elderly woman from that moment forward[13].

"I'm going to take her a batch of my drop-dead[14] brownies," Willow told her husband Scott one morning not long after the Veterans' Day Chili Cook-off (won by Ava Downey, by the way, for the third consecutive and maddening year)[15].

---

1. **the way chidren will** (sous-entendu : **do**) : *à la manière des enfants, comme font les enfants.* Ici, l'auxiliaire du futur dénote une forme d'habitude, de répétition ; autre exemple : **accidents will happen in the wintertime**, *les accidents se produisent en hiver.*
2. **dare** (to) **each other** : *se lancer des défis, se défier l'un (à) l'autre.*
3. **to warp** : *fausser, voiler.*
4. **screen door** : *porte grillagée.*
5. **Hallowe'en** : fête célébrée le 31 octobre, date où les morts étaient censés revenir voir les vivants. De nos jours les enfants se déguisent en sorcier-ières et fantômes et viennent quémander des bonbons et de l'argent, aux États-Unis, cette quête est assortie de la formule **trick or treat**, *un mauvais tour* (**trick**) *ou un cadeau* (**treat**).

Bientôt, les enfants de Napier Lane en vinrent à réagir aux étranges habitudes de la vieille solitaire comme le font les enfants. Les petits traversaient de l'autre côté de la rue chaque fois qu'il passaient devant le n° 1420. Les plus grands se lançaient des défis, à qui oserait pénétrer dans la cour pour aller claquer la main contre la portière toute de guingois qui avait perdu son grillage au dernier Halloween.

Dès lors, les choses auraient pu dégénérer si Anfisa Telyeguine n'avait d'elle-même pris le taureau par les cornes en se rendant au Concours de Chili de la Journée des Anciens Combattants de Napier Lane. S'il est vrai qu'elle n'apporta pas de chili, il est tout aussi exact qu'elle ne se présenta pas les mains vides. Et peu importe que Jasmine McKenna ait trouvé un long cheveu gris enchâssé dans la gelée de citron vert à la salade de bananes qui était la contribution d'Anfisa à la fête. C'était le geste qui comptait, du moins pour sa mère sinon pour les autres voisins, et cette offrande de gelée encouragea dès lors Willow à considérer d'un œil compatissant cette vieille dame bizarre.

— Je vais lui apporter une fournée de mes brownies-à-tomber-raide», déclara Willow à son époux Scott un beau matin, peu après le Concours de Chili de la Journée des Anciens Combattants (remporté, au fait, par Ava Downey pour la troisième année consécutive, ce qui était insupportable).

---

6. **gotten out of hand** : cette forme archaïque en anglais britannique (**to get, got, got**) est usuelle en américain (**to get, got, gotten**) ; **out of hand**, mot à mot *hors de la main*, d'où *incontrôlable, indiscipliné* (personnes), *incontrôlé* (événements) ; *immédiat, instantané.*
7. **out of hand** : mot à mot *hors de (la) main.*
8. **Veterans' Day** : (notez le cas possessif sur le pluriel) fête chômée le 11 novembre en l'honneur des anciens combattants de toutes les guerres. **Veteran, Vet** : *ancien combattant* ; *vétéran.*
9. **cook-off** : *concours* ou *tournoi de cuisine* ; sur le modèle de **play-off**, *belle* (partie destinée à départager les finalistes), *éliminatoire(s).*
10. **show up** : *se présenter, apparaître, se montrer* ; **to show, showed, shown.**
11. **Jell-O** : marque de produit servant à confectionner une sorte de gelée sucrée, généralement de couleur vive, un dessert très apprécié en GB comme aux US.
12. **to proffer** : *offrir* ; *présenter.*
13. **from that moment forward** : *à partir de ce moment.*
14. **drop-dead** : *(adj)* mot à mot *tombé mort* ; **to drop** : *tomber, laisser tomber.* **Drop dead !** (exclamation) *crève ! va te faire voir !*
15. **maddening year** : mot à mot *une année exaspérante.*

"I think she just doesn't know what to make of us[1] all. She's a foreigner[2], after all," which is what the neighbors had learned[3] from the woman herself at the cook-off: born in Russia when it was still part of the USSR[4], a childhood in Moscow, an adulthood far in the north somewhere till the Soviet Union fell apart and she herself made her way to America.

Scott McKenna said, "Hmm," without really registering what his wife was telling him. He'd just returned from the graveyard shift[5] at TriOptics Incorporated where, as a support[6] technician for TriOptics' complicated sofware[7] package[8], he was forced to spend hours on the phone with Europeans, Asians, Australians, and New Zealanders who phoned the helpline[9] nightly—or for them, daily—wanting an immediate solution for whatever mindless havoc[10] they'd just wreaked[11] upon their operating system.

"Scott, are you listening to me?" Willow asked, feeling the way she always felt when his response[12] lacked the appropriate degree of commitment[13] to their conversation: cut off and floating in outer space[14]. "You know I hate it when[15] you don't listen to me."

---

1. **what to make of us** : mot à mot quoi faire de nous.
2. **foreigner** [´fɔrinəʳ] *n étranger -ère* ; *adj.* ; **foreign** [´fɔrin] d'un autre pays ; par contre **stranger** [´streindʒəʳ], *étranger - ère, inconnu -e*, d'un autre endroit, d'une autre ville, etc.
3. **learned** : notez le prétérit (ainsi que le participe passé) régulier en américain (GB : **to learn**, **learnt**, **learnt**). Notez Attention à l'adjectif autonome **learned**, prononcé [´lɜ:nid] : *savant, éduqué, instruit, érudit, docte*.
4. **USSR = Union of Soviet Socialist Republics** : *URSS, Union des républiques socialistes soviétiques*. L'URSS a été dissoute en 1991, puis a été remplacée par la *CEI, Communauté d'États Indépendants*.
5. **graveyard shift** : mot à mot équipe du cimetière, familier pour **night shift**, *équipe de nuit*, dans un système « trois-huit ».
6. **support** : *soutien, aide* (technique, financier/ère etc.), *assistance technique*

« Je crois qu'elle ne sait tout bêtement pas quoi penser de nous autres. Après tout, c'est une étrangère. » C'est ce que le voisinage avait appris de la vieille dame elle-même lors du concours : elle était née en Russie qui faisait encore partie de l'URSS, avait passé enfance à Moscou, sa vie d'adulte quelque part tout au nord, jusqu'à ce que l'Union soviétique se désagrège et qu'elle-même prenne le chemin de l'Amérique.

Scott McKenna fit « Mmm » sans vraiment enregistrer ce que sa femme lui disait. Il venait tout juste de rentrer de son service de nuit à TriOptics Incorporated où, en tant que technicien de maintenance du très complexe progiciel maison, il était contraint de passer des heures au téléphone avec des Européens, des Asiatiques, des Australiens et des Néo-Zélandais qui appelaient la ligne d'assistance de nuit (ou plutôt, pour eux, de jour) pour réclamer une solution immédiate à l'un quelconque des désastres insensés qu'ils venaient d'infliger à leur système d'exploitation.

— Scott, est-ce que tu m'écoutes ? » interrogea Willow, éprouvant le même sentiment que d'habitude lorsque les réponses de son mari, détachées et éthérées, montraient qu'il ne suivait pas leur conversation de près. « Tu sais bien que j'ai horreur que tu ne m'écoutes pas. »

---

7. **software** : (informatique) *logiciel, programme, progiciel.* Mot invariable, comme **hardware**, *matériel, équipement informatique.*
8. **package** : *programme, système ou logiciel tout-en-un, complet,* « *paquège* ».
9. **helpline** : *ligne* (téléphonique) *d'assistance, assistance téléphonique.* On trouve aussi **hotline**, mot à mot *ligne chaude.*
10. **havoc** : *dégât, ravage.*
11. **to wreak upon** : (ici) *causer une destruction* ; *assouvir*
12. **response** : *réponse, réaction* (également à un stimulus).
13. **lacked the appropriate degree of commitment** : mot à mot *manquaient du degré convenable d'engagement...*
14. **cut off and floating in outer space** : mot à mot *coupées et flottant dans l'espace.*
15. **I hate it when** : notez le pronom **it** qui annonce l'objet de la détestation.

Her voice was sharper than she intended and her daughter Jasmine—at the present moment stirring[1] her Cheerios[2] to reduce them to the level of sogginess[3] that she preferred—said, "Ouch, Mom. Chill."

"Where'd she get[4] that?" Scott McKenna looked up from his study of the financial pages of the daily newspaper while five year-old Max—always his sister's echo if not her shadow—said, "Yeah, Mom. Chill[5]," and stuck his fingers into the yolk of his fried egg.

"From Sierra Gilbert, probably,"Willow said.

"Hmph", Jasmine countered[6] with a toss of her head. "Sierra Gilbert got it from *me*."

"Whoever got it from who," Scott said, snapping[7] his paper meaningfully, "I don't want to hear it said to your mother again, okay?"

"It only means—"

"Jasmine."

"Poop[8]." She stuck out her tongue. She'd cut her bangs[9] again, Willow saw, and she sighed. She felt defeated by her strong-willed[10] daughter on the fast path to adolescence[11], and she hoped that little Blythe or Cooper—with whom she was finally and blessedly[12] pregnant—might be more the sort of child she'd had in mind[13] to bring into the world.

---

1. **to stir** [stɜːʳ], *bouger* ; *tourner*.
2. **Cheerios** : marque de céréales pour le petit déjeuner.
3. **sogginess** : mot à mot *ramollissement* ; **soggy** : *trempé(e)*, *détrempé(e)* ; *ramolli(e)*.
4. **to get, got, got** : (ici) *trouver, aller chercher* ; *obtenir*.
5. **to chill (out)** : (ici) *décompresser, se relaxer* ; par ailleurs, **to chill** : *rafraîchir, mettre au frais* ; *faire frissonner*.
6. **to counter** : *riposter* ; *contre-attaquer*.
7. **to snap** : (ici) *faire claquer, claquer* ; *se casser net*.
8. **poop** : (ici) excl. fam. US *crotte !* ; (naut.) *poupe* ; (US) *tuyau*.

Sa voix était plus aiguë qu'elle aurait souhaité et sa fille Jasmine, occupée à touiller ses céréales pour en faire la bouillie qu'elle aimait, fit « Hou là là, Maman, sois cool ! »

— Où est-ce qu'elle a appris ça ? » Scott McKenna leva le nez des pages financières du quotidien qu'il était en train d'étudier, tandis que Max qui, à cinq ans, se faisait l'écho sinon l'ombre de sa sœur, répétait : « Ouais, M'man, cool ! » tout en plantant ses doigts dans le jaune de ses œufs au plat.

— C'est sûrement de Sierra Gilbert » dit Willow.

— Bof, c'est *moi* qui l'ai appris à Sierra Gilbert », rétorqua Jasmine en secouant la tête.

— Peu importe qui l'a appris à qui, » fit Scott en claquant son journal de façon significative, « je t'interdis de le dire à ta mère, compris ? »

— Ça veut juste dire… »

— Jasmine ! »

— Flûte ! » Elle tira la langue. Elle avait une fois de plus coupé sa frange, constata Willow en soupirant. Elle se sentait désarmée devant la forte personnalité de sa fille en pleine pré-puberté, et elle espérait que la petite Blythe ou que le petit Cooper, dont elle était enfin, grâce au ciel, enceinte, serait davantage le genre d'enfant qu'elle serait heureuse de mettre au monde.

---

9. **bang** : (ici) US *frange* ; *coup violent* ; *détonation* ; (argot) *piquouze* ; *acte sexuel* ; **and the whole bang**, *et tout le bataclan* ; adv (fam.) *vlan ! boum !* ; **bang on time**, *pile à l'heure*.

10. **strong-willed** : mot à mot *à la forte volonté*.

11. **fast path to adolescence** : mot à mot *chemin rapide vers l'adolescence*.

12. **blessedly** : *fort heureusement* ; **blessed**, *béni(e)* ; *sacré(e)*.

13. **she'd had in mind** : mot à mot *qu'elle avait eu en tête*.

It was clear to Willow that she wasn't going to receive Scott's acknowledgment of—much less his benediction on –her plan for[1] the drop-dead brownies unless and until she made it clear why she thought a neighborly gesture was called for[2] at this point. She waited to do so until the kids were off to school[3], safely escorted to the bus stop at the end of the street and attended[4] there—despite Jasmine's protests—until the yellow doors[5] closed upon them. Then she returned to the house and found her husband preparing for the daily five hours of sleep he allotted himself[6] prior to[7] sitting down to work on the six consulting accounts that so far described what went for[8] Mckenna Computing Designs. Nine more accounts[9] and he would be able to leave TriOptics and maybe then their lives would be a little more normal. No more regimented sex[10] in the hours between the kids' going to bed and Scott's leaving for work. No more long nights alone listening to the creaking floorboards[11] and trying to convince herself it was only the house settling[12].

Scott was in the bedroom, casting[13] his clothes off. He left everything where it fell and fell himself onto the mattress, where he turned on his side and pulled the blankets over his shoulder. He was twenty-seven seconds[14] away from snoring, when Willow spoke.

---

1. **acknowledgement** : *accusé de réception, reçu* ; *reconnaissance* (d'un fait, d'une situation) ; (pluriel) *remerciements*.
2. **call (to) for** : *appeler* ; *exiger, réclamer (s')imposer*.
3. **were off to school** : mot à mot *étaient partis pour l'école*.
4. **to attend** : *assister à* ; *s'occuper de, aider, assister*. **Are you being attended ?** *Est-ce qu'on s'occupe de vous ?*
5. **yellow doors** : les bus de ramassage scolaire sont traditionnellement de couleur jaune aux États-Unis.
6. **he allotted himself** : *qu'il s'accordait, qu'il s'allouait*.
7. **prior to** : *antérieur à* ; *avant de*. Notez la forme en –ing après la préposition **to**.
8. **what went for** : mot à mot *ce qui allait pour/tenait lieu de*.

Il était clair pour Willow qu'elle n'allait pas recevoir les encouragements, et encore moins la bénédiction de Scott quant à son projet de brownies-à-tomber-raide, tant qu'elle n'aurait pas expliqué clairement pourquoi elle pensait qu'il fallait à ce stade un geste de bon voisinage. Elle attendit pour le faire que les enfants fussent en route pour l'école, accompagnés par mesure de sécurité jusqu'à l'arrêt du bus au bout de la rue et surveillés sur place, malgré les vives protestations de Jasmine, jusqu'à ce que les portes jaunes du bus scolaire se referment sur eux. Elle rentra alors à la maison pour y trouver son mari qui se préparait à dormir les cinq heures qu'il s'octroyait avant de se mettre au travail sur les six dossiers de conseil qui constituaient, à ce jour, l'activité de McKenna Computing Designs. Encore neuf dossiers et il serait en mesure de quitter TriOptics, et leur vie serait alors peut-être un peu plus normale. Plus question de faire l'amour à heure fixe, entre le coucher des enfants et le départ de Scott pour le travail. Plus de longues nuits passées à écouter les planchers craquer et à se convaincre que ce n'était que la maison qui bougeait.

Scott se trouvait dans la chambre à coucher, ôtant ses vêtements. Il les abandonna où ils tombaient, et s'abattit sur le lit, se tourna de côté et tira les couvertures sur son épaule. Il n'était qu'à vingt-sept secondes de son premier ronflement quand Willow se mit à lui parler.

---

9. **consulting accounts** : mot à mot des comptes de conseil.
10. **regimented sex** : mot à mot sexe enrégimenté. ; **to regiment** : *enrégimenter, régir de façon très stricte* (comme à l'armée), *soumettre à une discipline sévère, réguler.*
11. **floorboards** : mot à mot les lattes, les *planches du parquet.*
12. **to settle** : *(s')établir, (s')installer, (se) mettre en place* ; *se calmer* ; *fixer* ; *régler* ; *coloniser.*
13. **to cast (cast, cast)** : *jeter, lancer* ; (élection) *voter* ; *mouler* ; **to caste off** : *larguer* (amarres) ; *rejeter, mettre au rebut, se défaire de.*
14. **27 seconds away from**... mot à mot : *à (une durée, un laps de temps, une distance de) vingt-sept secondes de.*

"I've been thinking, hon[1]."

No response.

"Scott?"

"Hmmm?"

"I've been thinking about Miss Telyegin." Or Mrs. Telyegin, Willow supposed. She'd not yet learned if the woman next door was married, single, divorced, or widowed[2]. Single seemed most likely to Willow for some reason that she couldn't quite explain. Maybe it had to do with the woman's habits, which were becoming more apparent—and patently[3] stranger— as the days and weeks passed. Most notable were the hours she kept[4], which were almost entirely nocturnal. But beyond that[5], there was the oddity[6] of things like the venetian blinds[7] on 1420 being always closed against the light; of Miss Telyegin wearing rubber boots rain or shine[8] whenever she did emerge[9] from her house; of the fact that she not only never entertained[10] visitors, but she never went anywhere besides to work and home again precisely at the same time each day.

"When does she buy her groceries[11]?" Ava Downey asked.

"She has them delivered[12]," Willow replied.

---

1. **hon** = honey.
2. **widowed** : cf. **a widow**, *une veuve* ; **a widower**, *un veuf* ; cas unique de formation d'un masculin sur un féminin, pour des raisons historico-sociologiques.
3. **patently** ['peɪtəntlɪ] : *ouvertement, manifestement, clairement.*
4. **the hours she kept** : mot à mot *les horaires/heures qu'elle tenait.*
5. **beyond that** : *au-delà de ça.*
6. **oddity** : *étrangeté, bizarrerie.*
7. **venetian stores** : *stores (vénitiens), jalousies ; volets.*
8. **rain or shine** : (locution) mot à mot *tombe la pluie ou brille le soleil.*

« Chou, j'ai bien réfléchi. »

Pas de réponse.

« Scott ? »

« Mouais ? »

« Je pense à mademoiselle Telyeguine. » Ou plutôt *madame* Telyeguine, pensa-t-elle. Elle ne savait toujours pas si la voisine était mariée, célibataire, divorcée ou veuve. Mais il lui semblait que le célibat allait de soi, pour des raisons qu'elle n'aurait pu expliquer. Cela tenait peut-être aux habitudes de cette femme, qui se faisaient de plus en plus visibles, et ostensiblement extravagantes à mesure que passaient les jours et les semaines. Ce qui était le plus notable, c'était ses horaires, presque totalement nocturnes. Mais c'était surtout la bizarrerie de certaines choses, comme les jalousies du 1420 obstinément fermés à la lumière du jour ; le fait que, chaque fois qu'elle sortait de chez elle, mademoiselle Telyeguine portait des bottes en caoutchouc, qu'il pleuve ou que le soleil brille ; ou que non seulement elle ne recevait aucune visite, mais qu'elle ne se rendait jamais nulle part sauf à son travail, chaque jour à la même heure, à l'aller comme au retour.

— Mais quand donc fait-elle ses courses ? s'enquit Ava Downey.

— Elle se fait livrer, lui répondit Willow.

---

9. **she did emerge** : **did** insiste sur le contraste entre la réclusion habituelle et les rares sorties d'Anfisa.

10. **to entertain** : *distraire, amuser* ; *recevoir, traiter, s'occuper* (des invités).

11. **groceries** : mot à mot *les épices, les articles d'épicerie*.

12. **she has them delivered** : **to have** + complément + verbe au participe passé = *faire faire*.

"I've seen the truck[1]," Leslie Gilbert confirmed.

"So she never goes out in the daytime[2] at all?"

"Never before dusk," Willow said.

Thus was *vampire* added to *witch*, but only the children took that sobriquet seriously. Nonetheless, the other neighbors began to shy away[3] from Anfisa Telyegin, which prompted[4] Willow's additional sympathy[5] and made Anfisa Telyegin's effort at the Veterans' Day Chili Cook-off even more worthy of admiration and reciprocation[6].

"Scott," she said to her drowsy[7] husband, "are you listening to me?"

"Can we talk later, Will?"

"This'll only take a minute. I've been thinking about Anfisa." He sighed and flipped[8] onto his back, putting his arms behind his head and exposing[9] what Willow least liked to see when she looked upon her spouse[10]: armpits as hairy as Abraham's beard. "Okay," he said without a display of anything resembling marital patience. "What *about* Anfisa?"

Willow sat on the edge of the bed. She placed her hand on Scott's chest to feel his heart. Despite his present impatience, he had one. A very big one.

---

1. **truck** : (US) *camion* ; **lorry** en anglais britannique.
2. **in the daytime** : *de jour, pendant la journée* ; *de nuit* : **by night, at night, during the night, nightly**.
3. **to shy away from** : *répugner à, ne pas avoir envie de faire quelque chose*. **Shy** : *timide, craintif*.
4. **prompt (to)** : (théâtre) *souffler* ; *suggérer, inciter*. **Prompter** : *souffleur*.
5. **sympathy** : notez le sens fort de *compassion* ; **please accept my ~** : *veuillez agréer mes condoléances* ; *solidarité, sympathie*.
6. **reciprocation** : *service en retour*, (fait de rendre la) *réciproque*, de faire quelque chose d'équivalent en retour.

— J'ai vu le camion, » confirma Lesley Gilbert.

— Alors elle ne sort absolument jamais la journée ? »

— Jamais avant le crépuscule, » confirma Willow.

C'est ainsi qu'on accola *vampire* à *sorcière*, mais seuls les enfants prirent ce sobriquet au sérieux. Néanmoins, les autres voisins se mirent à éviter Anfisa Telyeguine, ce qui insuffla à Willow encore plus de compassion et lui rendit les efforts d'Anfisa Telyeguine à l'occasion du concours de cuisine de la journée des anciens combattants encore plus méritoires et dignes de réciprocité.

— Scott, demanda-t-elle à son mari à moitié endormi, est-ce que tu m'écoutes ?

— On ne pourrait pas discuter plus tard, Will ? »

— J'en ai seulement pour une minute. Je pense à Anfisa. »

Avec un soupir, il se mit sur le dos, croisant les bras derrière la tête et dévoilant ainsi ce que Willow aimait le moins voir de son époux : des aisselles aussi velues que la barbe d'Abraham.

— Bon, » fit-il sans montrer la moindre trace de patience conjugale. « Qu'y a-t-il *encore* avec Anfisa ? »

Willow s'assit au bord du lit. Elle posa sa main sur le torse de Scott pour sentir battre son cœur. Car malgré son impatience présente, il avait un cœur, et un cœur gros comme ça.

---

7. **drowsy** : *assoupi, ensommeillé* ; **to drowse** : *somnoler.*

8. **to flip** : *donner une chiquenaude* ; *tourner* (pages) ; **~over** : *(se) retourner d'un bond, (se) tourner d'un geste vif.*

9. **to expose** : *révéler, percer à jour* ; *exhiber* ; *dénoncer.* **Exposer** : (marchandises) **to display**, *to show* ; (idée) **to explain, to outline.**

10. **spouse** : (souvent officiel) *époux, épouse.*

She'd seen it first at the high school sock hop[1] where he'd claimed her for a partner, rescuing[2] her from life among the wallflowers[3], and she depended now upon its ability to open wide and embrace her idea.

"It's been tough[4] with your parents so far away," Willow said. "Don't you agree[5]?"

Scott's eyes narrowed with the suspicion of a man who'd suffered comparisons to[6] his older brother from childhood and who'd only too happily moved his family to a different state to put an end to them. "What d'you mean, tough?"

"Five hundred miles[7]," Willow said. "That's a long way."

Not long enough, Scott thought, to still[8] the echoes of "Your brother the cardiologist" which followed him everywhere.

"I know you want the distance," Willow continued, "but the children could benefit from their grandparents, Scott."

"Not from these grandparents," Scott informed her.

Which was what she expected her husband to say. So it was no difficult feat to segue[9] from there into her idea. It seemed to her, she told Scott, that Anfisa Telyegin had extended a hand of friendship to the neighborhood at the Chili Cook-off and she wanted to reciprocate.

---

1. **hop** : *saut*, *sautillement*, d'où *bal*, (familier) *gambille*, (désuet) bal. **Sock** : *chaussette*, *mi-bas*, *socquette* ; traditionnellement, dans les années 50-60, les jeunes filles en « **high school** » portaient des socquettes (souvent blanches) d'où l'expression **sock hop**, *bal du lycée*.
2. **to rescue** : *secourir*, *venir au secour*, *à la rescousse* ; **rescue party** : *équipe de secour* (en mer, en montagne).
3. **wallflowers** : mot à mot *fleurs de mur*, motif floral de décor de tapisserie ou de tenture.

Elle s'en était rendu compte pour la première fois quand il avait demandé à être son cavalier lors du bal du lycée, lui évitant ainsi de faire tapisserie. Elle comptait sur sa capacité à s'ouvrir largement pour adopter son idée.

— C'est dur d'avoir ses parents si loin, tu ne penses pas ? » dit-elle.

Les yeux de Scott se rétrécirent de méfiance, comme ceux d'un homme qui avait beaucoup souffert depuis l'enfance d'être comparé à son frère aîné, et qui s'était fait une joie de déménager sa famille dans un état différent pour y mettre fin. « Comment ça, dur ? »

— Huit cents kilomètres, ça fait loin, non ? » fit Willow.

Pas assez, pensa Scott, pour apaiser l'écho du « Ton frère le cardiologue, lui... » qui le poursuivait en tout lieu.

— Je sais bien que tu veux mettre une distance entre vous, » poursuivit Willow, « mais les enfants pourraient profiter de leurs grands-parents, Scott. »

— Pas de ces grands-parents-là, » lui fit remarquer Scott.

Ce qui était exactement ce qu'elle espérait s'entendre dire par son mari. Ce ne fut donc pas pour elle une prouesse que d'enchaîner sur sa propre idée. Il lui semblait, dit-elle à Scott, qu'Anfisa Telyeguine avait tendu une main amicale à la communauté lors du concours de Chili, et elle-même voulait faire un geste en retour.

---

4. **tough** [tʌf].

5. **to agree** : *être/se mettre d'accord* ; **agreement**, *accord*.

6. **comparisons to** : notez l'emploi de la préposition **to**, plutôt que de **with**, *avec*.

7. **1 mile** : *1,609 km.*

8. **to still** : *calmer, apaiser* ; *faire taire.*

9. **segue** (**to**) : verbe emprunté au domaine musical : *enchaîner sans marquer de pause.*

Indeed, wouldn't it be lovely to get to know the woman on the chance that she might become a foster grandparent[1] to their children? She—Willow—had no parents whose wisdom and life experience she could offer to Jasmine, Max, and little Blythe-or-Cooper. And with Scott's family so far away...

"Family doesn't have to be defined as blood[2] relations," Willow pointed out. "Leslie's like an aunt to[3] the children. Anfisa could be like a grandmother. And anyway, I hate to see her alone the way she is. With the holidays coming ... I don't know. It seems so sad."

Scott's expression changed to show the relief he felt at not having Willow suggest they move back to be near his loathsome[4] parents. She sympathized[5] with—if she didn't understand—his unwillingness[6] to expose himself[7] to any more comparisons to his vastly more successful sibling[8]. And that empathy of hers, which he'd always seen as her finest quality, was something he accepted as not being limited to an application only to himself. She *cared* about people, his wife Willow. It was one of the reasons he loved her. He said, "I don't think she wants to mix in with us, Will."

"She came to the cook-off. I think she wants to try."

Scott smiled, reached up and caressed his wife's cheek. "Always rescuing strays[9]."

"Only with your blessing[10]."

He yawned. "Okay. But don't expect much. She's a dark horse[11], I think."

---

1. **foster grandparent** : sur le modèle de **foster parents** = le grand-père et la grand-mère d'accueil pour les enfants orphelins ou abandonnés ; **to foster** : *s'occuper, prendre soin* ; *favoriser le développement* ; *entretenir* (idées, sentiments).
2. **blood** [blʌd].
3. **aunt to** : notez l'emploi de la préposition **to** plutôt que de **of**.
4. **loathsome** : *détestable, répugnant(e), écœurant(e)* ; **to loathe**, *détester, abhorrer*.
5. **to sympathize**: voir plus haut **sympathy**.
6. **unwillingness** : *mauvaise volonté, mauvaise grâce, manque de bonne volonté, répugnance* (à faire qqchose).

Ne serait-ce pas merveilleux, en effet, d'apprendre à mieux connaître la vieille dame en prenant le pari qu'elle pourrait devenir la grand-mère adoptive des enfants ? Willow, elle, n'avait pas de parents dont elle puisse offrir la sagesse et l'expérience à Jasmine, à Max et à la petite Blythe ou au petit Cooper. Et avec les parent de Scott tellement loin...

— La famille n'a pas besoin d'être définie par les seuls liens du sang, » fit remarquer Willow. « Leslie est comme une tante pour les enfants. Anfisa pourrait être une sorte de grand-mère. Et de toute manière, je déteste la voir toute seule comme ça. Avec les vacances qui approchent... je ne sais pas, ça semble tellement triste. »

L'expression de Scott se modifia pour laisser paraître le soulagement qu'il éprouvait à ne pas entendre Willow suggérer qu'ils se rapprochent de ses abominables parents. Elle compatissait, même si elle ne la comprenait pas, à sa répugnance à s'exposer à des comparaisons renouvelées avec un frère infiniment plus couvert de succès que lui.

Et cette empathie qu'elle lui manifestait, qu'il tenait depuis toujours pour sa plus grande qualité, était une chose dont il acceptait volontiers qu'elle ne lui fût pas exclusivement réservée. Elle *aimait* vraiment les gens, sa Willow. Encore une raison qu'il avait de l'aimer. Il dit « Je ne suis pas sûr qu'elle veuille se mêler à nous, Will. »

— Elle est venue à la fête. J'imagine qu'elle a envie d'essayer. »

Scott sourit, se redressa, caressa la joue de sa femme : « Toujours à recueillir la brebis égarée ? »

— Pas sans ton consentement. »

Il bailla. « D'accord, mais n'y crois pas trop. On ne sait pas grand'chose d'elle à mon avis. »

---

7. **to expose himself** : *s'exposer, se soumettre* (en prenant des risques).

8. **sibling** : *frère ou sœur* .

9. **strays** : *animaux errants* ; **stray dog**, *chien errant, perdu*.

10. **blessing** : *grâce, bénédiction* ; *accord* ; (souvent pluriel) *bienfait(s)* ; **to bless**, *bénir, donner sa bénédiction*.

11. **a dark horse** : *être/personne (très) secret/ète*; *participant inconnu* (courses) ; (politique) *candidat inattendu* .

"She just needs some friendship extended[1] to her."

And Willow set about doing exactly that the very same day. She made a double batch of drop-dead brownies and arranged a dozen artfully on a green plate of Depression[2] glass[3]. She covered them carefully in Saran Wrap[4] and fixed this in place with a jaunty plaid[5] ribbon. As carefully as if she were bearing myrrh[6], she carried her offering next door to 1420.

It was a cold day. It didn't snow in this part of the country and while autumns were generally long and colorful, they could also be icy and gray. That was the case when Willow left the house. Frost still lay on her neat front lawn, on the pristine fence, on the crimson leaves of the liquidambar[7] at the edge of the sidewalk, and a bank of fog was rolling determinedly down the street like a fat man looking for a meal.

Willow stepped watchfully along the brick path that led from her front door to the gate, and she held the drop-dead brownies against her chest as if exposure[8] to the air might somehow harm[9] them. She shivered and wondered what winter would be like if this was what a day in autumn could do.

---

1. **extend (to)** ; *agrandir, élargir, allonger, déployer, prolonger* ; (amitié, hospitalité, politesse) *offrir, présenter, adresser*.
2. **Depression (the Great)** : la plus grave crise économique des États-Unis a commencé avec le krach de la bourse de New York (**the New York Stock Exchange**) le jeudi 24 octobre 1929 (**Back Thursday**). Aux États-Unis, les années qui suivirent ont causé des ravages non seulement dans l'économie mais surtout dans la population, victime d'une misère inimaginable, ainsi que dans les pays occidentaux : treize millions de chômeurs aux USA et trente-cinq dans le reste du monde.
3. **glass** : *verre, verrerie* (aussi **glassware**) ; ici *vaiselle objet en verre* (plateau, coupe etc.) des années trente, un peu comparable, quant au style, à l'Art nouveau en Europe.
4. **Saran Wrap** : Saran est à l'origine une marque déposée célèbre aux États-Unis, produisant entre autres du film plastique destiné à l'emballage alimentaire.

— Elle a seulement besoin qu'on lui tende la main. »

Et c'est exactement ce que Willow entreprit de faire le jour même. Elle cuisit une double fournée de ses brownies-à-tomber-raide et disposa avec art une douzaine d'entre eux sur un plateau vert Art Déco en verre. Elle les enveloppa proprement de film alimentaire, autour duquel elle noua un ruban écossais de couleur vive. Avec autant de précautions que si elle apportait la myrrhe et l'encens, elle livra son offrande au n° 1420 voisin.

C'était une journée froide. Il ne neigeait habituellement pas dans cette région et, alors que l'automne était en général long et coloré, il pouvait tout aussi bien être gris et glacial. C'était le cas lorsque Willow sortit de chez elle. Le givre recouvrait la pelouse de devant si bien entretenue, la haie impeccable, les feuilles pourpres du liquidambar au bout de l'allée tandis qu'une épaisse couche de brouillard dévalait la rue comme un obèse à la recherche de nourriture.

Willow parcourut précautionneusement l'allée de briques qui menait de la porte de chez elle à la barrière, tenant les brownies-à-tomber-raide contre son cœur comme si l'exposition à l'air vif risquait de leur faire du mal. Elle frissonna, et se demanda ce que pourrait bien être l'hiver si cette journée était tout ce que l'automne avait à offrir.

---

5. **plaid** [plæd]: (adj.) *écossais* ; (nom) *plaid* (petite couverture écossaise en laine). À l'origine, en Écosse, *morceau d'étoffe écossaise rectangulaire*, porté sur l'épaule par les membres d'un même clan et de la couleur du tartan dudit clan.

6. **myrrh** : substance odorante utilisée en parfumerie, autrefois très appréciée et constituant un cadeau royal (d'où la référence à la myrrhe offerte par les Rois Mages).

7. **liquidambar** : arbre d'ornement de la famille des hamamélidacées, également appelé *copalme d'Amérique* ; peut atteindre vingt mètres de haut, et offre une magnifique coloration automnale.

8. **exposure** : (virus) *contact, exposition* ; (personnes, faits) *révélation, dénonciation* ; (photo) *pose, temps d'exposition* ; (tv) *apparitions fréquentes*.

9. **harm** : *mal ; dommage, tort*. **To harm** : *faire mal, nuire, porter tort, endommager, abîmer*.

She had to set her plate of brownies on the sidewalk for a moment when she reached the front of Anfisa's house. The old picket gate was off one hinge[1] and instead of pushing it open, one needed to lift it, swing[2] it, and set it down again. And even then, it wasn't an easy maneuver[3] with the ivy now thickly overgrowing[4] the front yard path[5].

Indeed, as Willow approached the house, she noticed what she hadn't before. The ivy that flourished under Anfisa's care had begun to twine[6] itself up the front steps and was crawling[7] along the wide front porch and twisting up the rails. If Anfisa didn't trim[8] it soon, the house would disappear beneath it.

On the porch, where Willow hadn't stood since the last inhabitants[9] of 1420 had given up the effort at DIY[10] and moved to a brand-new—and flavorless—development[11] just outside of town, Willow saw that Anfisa had made another alteration[12] to the home in addition to what she's done with the yard. Sitting next to the front door was a large metal chest[13] with *grocery delivery*[14] stenciled[15] in neat white letters across its lid.

---

1. **was off one hinge** : *était sorti de sond'un de ses gonds.*
2. **to swing, swang, swung** : *se balancer.*
3. **maneuver** [məˈnuːvər]: orthographe US ; GB **manœuvre** (même prononciation).
4. **overgrowing** : mot à mot poussant par-dessus.
5. **path** : *allée, chemin, sentier ; itinéraire, trajectoire.*
6. **to twine** : *(s')entrelacer.*
7. **to crawl** : *ramper ; avancer lentement, se traîner ; (vermine) grouiller, fourmiller (de).*
8. **to trim** : (cheveux, ongles) *rafraîchir, couper, raccourcir* ; (plantes) *tailler, nettoyer, rabattre, réduire* (également les coûts) ; *orner, décorer.*

Elle dut poser son plat de brownies sur le trottoir pendant un instant lorsqu'elle atteignit la maison d'Anfisa. La vieille barrière de piquets était à moitié dégondée et, au lieu de la pousser pour l'ouvrir, il fallait la soulever, l'écarter, puis la remettre en place. Et même ainsi, ce n'était pas facile de la manœuvrer, avec le lierre épais qui recouvrait à présent tout le jardinet de devant.

En effet, en s'approchant de la maison, Willow remarqua une chose qu'elle n'avait pas vue jusque-là. Le lierre, qui éclatait de santé grâce aux bons soins d'Anfisa, avait commencé à lancer ses tortillons jusqu'en haut des marches et envahissait la vaste véranda pour s'enrouler autour de la balustrade. Si Anfisa ne la taillait pas rapidement, c'est toute la maison qui disparaîtrait dessous.

Sous la véranda, où Willow n'avait pas remis les pieds depuis que les précédents occupants du n° 1420 avaient renoncé au bricolage pour emménager dans un lotissement flambant neuf (et insipide) à la sortie de la ville, Willow constata qu'Anfisa avait apporté une autre modification à sa maison, en plus de ce qu'elle avait fait du jardin de devant. Posé à côté de l'entrée principale, il y avait un vaste coffre de métal, en travers du couvercle duquel était proprement inscrit au pochoir *livraison des commissions* en belles lettres blanches.

---

9. **inhabitant** : cf. **to inhabit** : *habiter* (emploi litéraire ; emploi usuel : **to dwell, to live**). Attention ➜ : *île déserte*, **uninhabited island**.
10. **DIY** [di: aɪ 'waɪ] = **do it yourself**, (faites-le vous-même) *bricolage*.
11. **development** : *lotissement, zone résidentielle, d'habitation*.
12. **alteration**, *changement, modification* ; syn. de **change**.
13. **chest** : *poitrine, thorax* ; *coffre*.
14. **grocery delivery** : mot à mot *livraison d'épicerie*.
15. **stenciled** :['stensəld] *peindre, décorer au pochoir* ; **stencil** : *pochoir*.

Odd, Willow thought. It was one thing to have your groceries delivered ...Wouldn't *she*[1] like to have that service if she could ever[2] bear the thought of someone other than herself selecting her family's food. But it was quite another thing to leave it outside where it could spoil[3] if you weren't careful.

Nonetheless[4], Anfisa Telyegin had lived to the ripe old age[5] of ... whatever it was[6]. She must, Willow decided, know what she was doing.

She rang the front bell. She had no doubt[7] that Anfisa was at home and would be home for many hours still. It was daylight[8], after all.

But no one answered. Yet Willow had the distinct impression that there was someone quite nearby, listening just behind the door. So she called out, "Miss Telyegin? It's Willow McKenna. It was such a nice thing[9] to see you at the Chili Cook-off the other night. I've brought you some brownies[10]. They're my specialty. Miss Telyegin? It's Willow McKenna. From next door? 1418 Napier Lane? To your left[11]?"

Again, nothing. Willow looked to the windows but saw that they were, as always, covered by their venetian blinds.

---

1. **she** : notez une fois encore les mots en italique qui sont une marque d'insistance.
2. **ever** : *jamais*, dans une phrase positive ou interrogative ; correspond à **never**, négatif.
3. **spoil (to)** : (*se*) *gâter*, *gacher* ; (aliments) *s'abîmer*.
4. **Nonetheless** : *pourtant*, *néanmoins*, *cependant...*
5. **to a ripe old age** : mot à mot *jusqu'à un âge mûr avancé*.
6. **whatever it was** : *quel qu'il fût*.

C'est bizarre, pensa Willow. Une chose était de se faire livrer... Elle-même, n'aimerait-elle pas profiter de ce genre de service s'il ne lui fallait pas supporter l'idée de laisser quelqu'un d'autre qu'elle-même choisir la nourriture de sa famille ? Mais c'était une tout autre affaire que de la laisser dehors, au risque qu'elle s'abîme si on n'y prêtait garde.

Pourtant Anfisa avait survécu jusqu'à l'âge avancé de ... peu importe. Elle devait bien savoir ce qu'elle faisait, décida-t-elle.

Elle sonna à l'entrée principale Elle ne doutait pas qu'Anfisa serait chez elle, et pour encore de nombreuses heures. Il faisait grand jour, non ?

Mais personne ne lui répondit. Néanmoins Willow avait clairement l'impression qu'il y avait bien quelqu'un tout à côté d'elle, à l'écoute derrière la porte. Elle appela donc « Mademoiselle Telyeguine ? C'est Willow McKenna. Ça a été un vrai plaisir de vous voir au concours de chili l'autre soir. Je vous ai apporté des brownies. C'est ma spécialité. Mademoiselle Telyeguine ? C'est Willow McKenna, votre voisine du 1418, à gauche de chez vous ? »

Toujours rien. Willow scruta les fenêtres, mais vit qu'elles étaient, à l'accoutumée, occultées par leurs stores.

---

7. **doubt** noter la prononciation [daʊt].
8. **daylight** : *lumière du jour* ; **in the daylight**, *en plein jour.*
9. **such a nice thing** : *une tellement jolie chose.*
10. **brownies** : a) (GB) = *jeannettes* (filles scoutes) ; b) (US) petit gâteau plat au chocolat contenant des morceaux de noisettes.
11. **To your left** : *à votre gauche* ; **to the right** : *à droite.*

She decided that the front bell had not worked, and she knocked instead on the green front door. She called out, "Miss Telyegin?" once more before she began to feel silly. She realized that she was making something of a fool[1] of herself[1] in front of the whole neighborhood.

"There was our Willow bangin[2]' away on that woman's front door like an orphan of the storm," Ava Downey would say over her gin and tonic that afternoon. And her husband Beau, who was always at home from the real estate office in time to mix the Beefeaters and vermouth[3] for his wife just the way she liked it, would pass along that information to his pals[4] at the weekly poker game[5], from which those men would carry it home to their wives till everyone knew without a doubt how needy[6] Willow McKenna was to forge connections[7] in her little world.

She felt embarrassment creep up[8] on her like the secret police. She decided to leave her offering and phone Anfisa Telyegin about it. So she lifted the lid of the grocery box and set the dropdead brownies inside.

She was lowering the heavy lid when she heard a rustling in the ivy behind her. She didn't think much about it till a skittering sounded against the worn[9] wood of the old front porch.

---

1. **to make a fool of oneself** : *se ridiculiser, se couvrir de/se rendre ridicule.*
2. **to bang** : *claquer violemment* (porte) ; *faire du vacarme.*
3. **Beefeaters and vermouth** : produits entrant dans la composition du cocktail appelé « **dry martini**». Le **Beefeaters** est une marque de gin anglais.
4. **pals** : *potes, copains.* (US, parfois) en apostrophe : *mec !* Syn. **chap, buddy, mate.**

Elle conclut que la sonnette n'avait pas marché, à la suite de quoi elle frappa à la porte d'entrée verte. Elle appella « Mademoiselle Telyeguine ? » une fois de plus avant de se sentir idiote. Elle se rendit compte qu'elle se ridiculisait quelque peu devant tout le voisinage.

— C'était notre chère Willow qui tambourinait à la porte de cette femme, comme une orpheline perdue dans la tempête » s'exclamerait Ava Downey en sirotant son gin-tonic de l'après-midi. Et Beau, son époux, qui rentrait toujours de son bureau d'agent immobilier à temps pour mélanger le Beefeaters et le vermouth au goût de sa femme, ferait passer le message à ses copains du poker hebdomadaire. Et eux le transmettraient chez eux à leurs épouses jusqu'à ce que tout un chacun sache sans l'ombre d'un doute combien Willow McKenna était en manque de relations dans son coin.

Elle sentit la gêne l'envahir comme la police secrète. Elle résolut de laisser son offrande et d'en parler à Anfisa au téléphone. Elle souleva donc le couvercle du coffre et déposa les brownies à l'intérieur.

Elle rabattait le lourd couvercle quand elle entendit un bruissement dans le lierre derrière elle. Elle n'en fit pas grand cas jusqu'à ce qu'elle entende un bruit de trottinement sur le bois usé de la vieille véranda.

---

5. **game** : *jeu*, *partie* (ballon, cartes) ; *sport*, **Olympic games**, *Jeux Olympiques*.
6. **needy** : *nécessiteux, dans le besoin, indigent*.
7. **to forge connections** : *se faire, se forger des relations*.
8. **creep up on** (**to**) : *s'approcher à pas de loup*.
9. **worn** : *usagé, usé, vieilli à force d'être porté* ou *utilisé* ; de **to wear, wore, worn**.

She turned then, and gave out a shriek that she smothered with her hand. A large rat with glittering eyes and scaly[1] tail was observing her. The rodent was not three feet away[2], at the edge of the porch and about to[3] dive into the protection of the ivy.

"Oh my God!" Willow leapt[4] onto the metal food box without a thought of Ava Downey, Beau, the poker game, or the neighborhood seeing her. Rats were terrifying—she couldn't have said why—and she looked around for something to drive the creature off[5].

But he took himself into the ivy without her encouragement. And as the last of his gray bulk[6] disappeared, Willow McKenna didn't hesitate to do so herself. She leapt from the food box and ran all the way home.

"It *was* a rat," Willow insisted.

Leslie Gilbert took her gaze[7] away from the television. She'd muted the sound upon Willow's arrival but hadn't completely torn herself away from the confrontation going on there. *My father had Sex With My Boyfriend* was printed on the bottom of the screen, announcing the day's topic among the combatants[8].

---

1. **scaly** : *recouvert d'écailles* (*écailles* : **scales**).
2. **three feet away** : *à trois pieds de distance, de là, d'elle.* **A foot**, *un pied* = 30,48 cm.
3. **about to** : *sur le point de, prêt à.*
4. **to leap** [li:p], **leapt, leapt** [lept] : *sauter, bondir* ; **to leap for joy**, *sauter de joie* ; **to leap at an opportunity**, *saisir une occasion au vol.*

Alors elle se retourna et poussa un cri perçant qu'elle étouffa derrière sa main. Un gros rat aux yeux luisants et à la queue recouverte d'écailles l'observait. Le rongeur était à moins d'un mètre, au bord de la véranda, prêt à plonger pour se réfugier dans le lierre.

— Ah mon dieu ! » Willow sauta sur la cantine aux commissions sans se soucier d'Ava, de Beau, de la partie de poker, ou de savoir si les voisins la voyaient. Les rats la terrifiaient, elle n'aurait pas su dire pourquoi, et elle chercha autour d'elle pour trouver de quoi chasser l'animal.

Mais il s'engagea de lui-même dans le lierre sans qu'elle eût à l'encourager. Et tandis que la dernière touffe de poils gris disparaissait, Willow McKenna n'hésita pas à faire de même. Elle sauta à bas de la cantine et rentra chez elle en courant.

— Je te dis que *c'était* un rat, » persista Willow.

Leslie Gilbert détourna son regard de la télévision. Elle en avait coupé le son à l'arrivée de Willow, mais ne s'était pas complètement arrachée à la confrontation qui s'y déroulait. *Mon père a fait l'amour avec mon petit ami* s'inscrivait au bas de l'écran, annonçant le sujet du jour entre les opposants.

---

5. **to drive off** : *s'éloigner* ou *partir en voiture* ; *écarter, repousser, chasser.*
6. **bulk** : *grosse quantité, masse, volume important* ; *corpulence.*
7. **gaze** : *regard fixe.*
8. **combatant** ['kɒmbətənt/kəm'bætnt] : *combattant,* synonyme **fighter.**

"I know a rat when I see one," Willow said.

Leslie reached for a Dorito[1] and munched thoughtfully. "Did you let her know?"

"I phoned her right away. But she didn't answer and she doesn't have a machine[2]."

"You could leave her a note[3]."

Willow shivered. "I don't even want to go into the yard again."

"It's all that ivy," Leslie pointed out. "Bad thing to have ivy like that."

"Maybe she doesn't know they like ivy. I mean, in Russia, it'd be[4] too cold for rats, wouldn't it?"

Leslie took another Dorito. "Rats're like cockroaches[5], Will," she said. "It's never too anything for them[6]." She fastened[7] her eyes to the television screen. "Least we know why she has that box for her groceries. Rats bite through[8] anything. But they don't bite through steel."

There seemed nothing for it but[9] to write a note to Anfisa Telyegin. Willow did this promptly but felt that she couldn't deliver such news[10] to the reclusive woman without also proffering a solution to the problem.

---

1. **Dorito** : marque de biscuits d'apéritif du genre « **chips** » ou de « **crackers** » aux diverses saveurs, produits par la société **Frito-Lay Inc** (appartenant au groupe **Pepsi**) et connue aux États-Unis depuis la fin du XIXe siècle.
2. **machine** [məʃiːn] ; **answering machine** (**device**), *répondeur*.
3. **note** : note, *courte lettre* ; notice, *note*.
4. **it' be = it would be**.
5. **cockroaches** : *blattes, cancrelats* ; *cafards*.

— Je sais reconnaître un rat quand j'en vois un, » dit Willow.

Leslie se saisit d'un Dorito et le mâcha pensivement. — L'as-tu mise au courant ? »

— Je lui ai téléphoné sur le champ. Mais elle ne m'a pas répondu, et elle n'a pas de répondeur. »

— Tu pourrais lui mettre un mot ? »

Willow frissonna. « Jamais plus je ne remettrai les pieds dans ce jardin. »

— C'est à cause de tout ce lierre, » souligna Leslie. « C'est fou d'avoir du lierre comme ça. »

— Peut-être qu'elle ne sait pas que le lierre attire les rats. Il me semble qu'en Russie il ferait trop froid pour les rats, non ? »

Leslie prit un autre Dorito. « Les rats, c'est comme les cafards, Will, » dit-elle. « Pour eux, rien n'est jamais trop quoi que ce soit. » Son regard se riva à l'écran de télévision. « Au moins on sait pourquoi elle a cette cantine pour ses courses. Les rats rongent n'importe quoi, mais ils ne rongent pas l'acier. »

Il semblait bien qu'il n'y avait rien d'autre à faire que d'écrire un mot à Anfisa Telyeguine. Willow s'y mit sans tarder, mais elle eut le sentiment qu'elle ne pouvait pas annoncer une telle nouvelle à cette recluse sans lui proposer en même temps une solution à son problème.

---

6. **never too anything**... : mot à mot *jamais trop quelque chose.*

7. **fastened** ['fɑːsənd] : *s'attacha, se lia, s'accrocha.*

8. **to bite through** : *percer en mordant.*

9. **nothing for it but** : sous-entendu **to do** (**nothing to do for it but**) ; noter le sens restrictif *rien que* de **nothing but**.

10. **news** est singulier : **what's the news ?**, *quelles (sont les) nouvelles ?*

So she added the words, "I'm doing something to help out," and she bought a trap, baited[1] it with peanut butter[2], and bore[3] it with her to 1420.

The next morning at breakfast, she told her husband what she had done, and he nodded thoughtfully over his newspaper. She said, "I put our phone number in the note, and I thought she'd call, but she hasn't. I hope she doesn't think it's a reflection[4] on her that there's a rat on her property. Obviously, I didn't mean to insult her."

"Hmm," Scott said and rattled his paper.

Jasmine said, "Rats? *Rats*? Yucky yuck[5], Mom."

And Max said, "Yucky yucky yuck."

Having started something with the deposit of the trap on Anfisa Telyegin's front porch, Willow felt duty bound[6] to finish it. So she returned to 1420 when Scott was asleep and the children had gone off to school.

She walked up the path with far more trepidation[7] than she'd felt on her first visit. Every rustle[8] in the ivy was the movement of the rat, and surely the *scritching* sound she could hear was the rodent creeping up behind her, ready to pounce[9] on her ankles.

---

1. **to bait** : *appâter* ; **a bait**, *un appât*.
2. **peanut butter** : *beurre de cacahuète*, mets favori des Américains, jeunes et moins jeunes, qui le mangent en tartine au petit déjeuner ou au goûter notamment.
3. **to bear, bore, borne** : *porter*, mais aussi *supporter, emporter* (un objet, une charge, un nom, un enfant à naître…) ; *porter des vêtements, des lunettes…* : **to wear** (**wore, worn**) **clothes, glasses**.
4. **a reflection on her** : ici *censure, critique, jugement négatif*.
5. **yucky yuck** : langage très familier exprimant le dégoût, l'écœurement, le déplaisir.

Elle ajouta donc « Je fais ce que je peux pour vous aider » et acheta un piège à rat, l'appâta avec du beurre de cacahuète et apporta le tout au 1420.

Le lendemain matin, pendant le déjeuner, elle raconta à son mari ce qu'elle avait fait, et il hocha la tête d'un air attentif par-dessus son journal. Elle ajouta « J'avais mis notre numéro de téléphone sur mon mot et j'ai cru qu'elle appellerait, mais elle ne l'a pas fait. J'espère qu'elle ne pense pas que je la blâme pour la présence de ce rat dans sa propriété. Bien entendu, je n'ai jamais voulu l'insulter. »

— Mmmm, » fit Scott en froissant bruyamment son journal.

Jasmine s'écria : « Des rats ? Des *rats* ! Beurk, c'est dégueu, M'man ! »

Et Max de renchérir « Dégueu, dégueu ! »

Comme elle avait enclenché un processus avec le dépôt du piège sous la véranda d'Anfisa Telyeguine, Willow se sentit moralement obligée de le mener à bien. Aussi retourna-t-elle au 1420 quand Scott se fut endormi et que les enfants furent partis pour l'école.

Elle remonta l'allée avec beaucoup plus d'angoisse qu'elle n'en avait ressentie lors de sa première visite. Chaque bruissement du lierre était provoqué par un rat, et le *crissement* qu'elle entendait était bien évidemment le rongeur qui rampait derrière elle, prêt à fondre sur ses chevilles.

---

6. **duty bound** : *comme il se doit, comme de juste* ; **bound** est le pp de **to bind** (**bound, bound**), *lier, attacher, imposer*. **To be bound to do something**, *être tenu de faire qqchose*.

7. **trepidation** : attention, faux-ami ! *Crainte, angoisse, anxiété. Trépidation* ; (moteur) **vibration** ; (médecine) **tremor** ; (figuré) **bustle, whirl**.

8. **rustle** ['rʌsəl].

9. **to pounce** : *bondir, sauter sur, se précipiter sur*.

Her fears came to nothing, though. When she mounted the porch, she saw that her effort at trapping the critter[1] had been successful. The trap held the rat's broken body. Willow shuddered when she saw it, and hardly registered the fact that the rodent looked somewhat surprised to find his neck broken right when he was helping[2] himself to breakfast.

She wanted Scott there to help her, then. But realizing that he needed his sleep, she'd come prepared. She'd carried with her a shovel and a garbage bag in the hope that her first venture[3] in vermin extermination would have been successful.

She knocked on the door to let Anfisa Telyegin know what she was doing, but as before there was no answer. As she turned to face her task with the rat, though, she saw the venetian blinds move a fraction. She called out, "Miss Telyegin? I've put a trap down for the rat. I've got[4] him[5]. You don't need to worry about it," and she felt a bit put out[6] that her neighbor didn't open the front door and[7] thank her.

She steeled herself[8] to the job before her—she'd never liked coming across dead animals, and this occasion was no different from finding roadkill[9] adhering to the treads of her tires[10]—and she scooped the rat up with the shovel.

---

1. **critter** : (US), *créature*, même sens que **creature** [kriːtʃə] appliqué aux animaux.
2. **to help** : *aider, servir* ~ **oneself to a piece of cake**: *se servir une part de gâteau.*
3. **venture** : *aventure, entreprise à risque ; risque commercial, spéculation.* **Joint venture** : *entreprise en participation, co-entreprise.*
4. **to get somebody** : *attraper, avoir, l'emporter sur qqun.*
5. **him** : noter la "personnalisation du rat, véritable personnage malfaisant.
6. **a bit put out** : *un peu dépité(e), déçu(e), contrarié(e).*

Ses craintes se réduisirent pourtant à rien. Quand elle escalada la véranda, elle constata que son effort pour piéger la créature avait été couronné de succès. Le piège s'était refermé sur le corps brisé du rat. Willow eut un frisson quand elle le vit, et ne prêta guère attention au fait que le rongeur semblait quelque peu surpris de se retrouver avec la nuque brisée au moment même où il s'apprêtait à déjeuner.

Un temps, elle avait voulu que Scott fût présent pour l'aider. Mais réalisant qu'il avait besoin de dormir, elle avait prévu ce qu'il fallait. Elle avait apporté une pelle et un sac-poubelle dans l'espoir que sa première tentative en matière de dératisation serait concluante.

Elle frappa à la porte pour prévenir Anfisa de ce qu'elle faisait, mais comme auparavant, il n'y eut pas de réponse. Pourtant, comme elle se retournait pour accomplir sa tâche avec le rat, elle vit le store frémir. Elle appela : « Mademoiselle Telyeguine ? J'ai posé un piège pour le rat et je l'ai eu. Vous n'avez plus besoin de vous inquiéter, » et fut quelque peu décontenancée de ce que sa voisine n'ouvre pas sa porte pour la remercier.

Elle s'endurcit en prévision de ce qui l'attendait : elle n'avait jamais aimé se trouver face à des animaux morts, et la situation présente ne différait guère de celle où elle avait retrouvé des débris d'animaux écrasés dans les sculptures de ses pneus ; alors elle ramassa le rat avec sa pelle.

---

7. **open and thank** : **and** est souvent employé entre deux verbes pour indiquer que le second est l'objectif ou la conséquence du premier, d'où une traduction fréquente, dans ce cas, par *pour*.
8. **she steeled herself** : *elle s'arma de courage, prit sur elle-même*.
9. **roadkill** : mot composé de **road**, *route*, et **kill**, *acte de tuer, mise à mort* ; pour les victimes d'accidents de circulation, on préfère **road casualties**.
10. **tires** : *pneus* ; (GB) **tyres**.

She was just about to deposit the stiffened body into the garbage sack, when a susurration[1] of the ivy leaves distracted[2] her, followed by a skittering[3] that she recognized at once.

She whirled[4]. Two rats were on the edge of the porch, eyes glittering, tails swishing[5] against the wood.

Willow McKenna dropped the shovel with a clatter. She made a wild dash[6] for the street.

"Two more?" Ava Downey sounded doubtful. She rattled the ice in her glass and her husband Beau took it for the signal it was and went to refresh[7] her gin and tonic. "Darlin', you sure you're not sufferin' from somethin'?"

"I know what I saw," Willow told her neighbor. "I let Leslie know and now I'm telling you. I killed one, but I saw two more. And I swear to God[8], they *knew* what I was doing."

"Intelligent rats, then?" Ava Downey asked. "My Lord, what a perplexin' situation." She pronounced it *perplexing* in her southern drawl[9], Miss North Carolina come to live among the mortals.

---

1. **susurration** : [sjuːsəˈreɪʃn] *susurrement, murmure.*
2. **distract (to)** : *distraire, détourner l'attention ; déranger.*
3. **to skitter** : *trottiner, piétiner ;* (oiseaux) *voleter ;* (pierre) *ricocher, faire des ricochets.*
4. **to whirl** : *tourbillonner, tournoyer, tourner ; aller à toute allure.*
5. **swish (to)** : *cingler, fouetter ; siffler, bruire.*
6. **a wild dash** : (ici) *course folle et précipitée ;* **the 100-meter dash**, *le 100 mètres* (athlé.) ; **to dash** : *se précipiter, bondir.*

Elle allait vider le corps raidi dans le sac-poubelle quand son attention fut attirée par une espèce de murmure venu des feuilles de lierres, suivi par un trottinement qu'elle reconnut aussitôt.

Elle se retourna. Deux rats se tenaient au bord de la véranda, les yeux luisants, la queue fouettant le plancher de bois.

Willow MacKenna lâcha la pelle dans un fracas. Elle bondit follement en direction de la rue.

— Deux de plus ? » Ava Downey semblait dubitative. Elle fit tinter les glaçons dans son verre et Beau, son mari, comprit le signal et alla renouveler son gin-tonic. « Ma chérie, t'es sûre que ça va bien ? »

— Je sais bien ce que j'ai vu, » répondit Willow à son voisin. « Je l'ai dit à Leslie, maintenant c'est à vous que je le dis. J'en ai tué un, mais j'en ai vu deux autres. Et, je le jure devant Dieu, ils savaient parfaitement ce que je faisais. »

— Des rats intelligents, hein ? » interrogea Ava. Seigneur, quelle situation embarrassante. Elle prononçait em*baa*rrassante, avec l'accent du sud, comme la Miss Caroline du Nord venue vivre avec les simples mortels qu'elle était.

---

7. **to refresh** : *rafraîchir, restaurer* ; *délasser.* **A refresher course**, *un cours de recyclage.*
8. **I swear to God** : mot à mot *je le jure à Dieu.*
9. **southern drawl** : *accent traînant du sud.* Tout au long de la nouvelle, il est fait allusion à ce **drawl** typique, sans équivalent direct en français.

"It's a neighborhood problem," Willow said. "Rats carry disease[1]. They breed like ... well, they breed ..."

"Like rats," Beau Downey said. He gave his wife her drink and joined the ladies in Ava Downey's well-appointed[2] living room. Ava was an interior decorator by avocation[3] if not by career, and everything she touched was instantly transformed into a suitable vignette[4] for *Architectural Digest*.

"Very amusin', darlin'," Ava said to her husband, without smiling. "My oh my[5]. Married all these years and I had no idea you have such a quick wit."

Willow said, "They're going to infest[6] the neighborhood. I've tried to talk to Anfisa about it, but she's not answering the phone. Or she's not at home. Except there're lights on, so I think she's home and ... Look. We need to do something. There're children to consider[7]."

Willow hadn't thought of the children till earlier that afternoon, after Scott had risen from his daily five hours. She'd been in the backyard in her vegetable garden, picking the last of the autumn squash[8]. She'd reached for[1] one and in doing so had dug her fingers into a pile of animal droppings[9].

---

1. **disease** : *maladie* ; **infectious ~,** *maladie contagieuse* ; *désordre, dérèglement.* **To carry disease** : *porter, propager la maladie.*
2. **well-appointed** : *décoré, bien agencé* ; *bien installé, bien pourvu.*
3. **by avocation** : *activité choisie par plaisir, pour s'occuper à sa guise.*
4. **suitable vignette** : *vignette/illustration appropriée, adéquate, qui convient bien.*

— Il s'agit d'un problème de voisinage, » poursuivit Willow. « Les rats transmettent des maladies. Ils se reproduisent comme..., enfin, ils se reproduisent... »

— Comme des rats, » compléta Beau Downey. Il tendit son verre à sa femme et rejoignit ces dames dans le salon entièrement décoré d'Ava Downey. Ava décorait par plaisir, sinon à titre professionnel, et tout ce qu'elle touchait se transformait instantanément en illustration parfaite pour *Décoration d'aujourd'hui*.

— Très drôôôle, mon chou, » fit Ava à son mari sans le moindre sourire. « Mon dieu mon dieu... Nous sommes mariés depuis toutes ces années et je ne me doutais pas que tu avais autant d'esprit. »

Willow poursuivit : « Ils vont contaminer tout le quartier. J'ai essayé d'en parler à Anfisa, mais elle ne décroche pas son téléphone. Ou alors elle n'est pas chez elle. Sauf qu'il y a de la lumière, alors je crois qu'elle est là et... Dites, il faut faire quelque chose. Il faut penser aux enfants. »

Willow n'avait pas pensé aux enfants avant le début de cet après-midi-là, après que Scott se fut réveillé de ses cinq heures de sommeil quotidien. Elle se trouvait dans son potager du jardin derrière la maison à cueillir les dernières courges d'automne. Elle avait voulu se saisir d'une et, ce faisant, avait plongé les doigts dans un tas d'excréments.

---

5. **my oh my** : le mot **God** est ici encore sous-entendu, pour éviter un blasphème.

6. **to infest** : *infester* ; *envahir* (vermine).

7. **to consider** : *envisager, considérer* ; *prendre en considération, en compte*.

8. **squash** : (US) *courge, patisson etc.* ; **pumpkin** : *citrouille*.

9. **she'd reached for** : *elle avait tendu la main pour attraper*.

10. **droppings** : *crottes, fientes* (oiseaux).

She'd recoiled from the sensation and pulled the squash out hastily from the tangle of its vine. The vegetable, she saw, had been scarred[1] with tooth marks.

The droppings and tooth marks had told the tale[2]. There weren't just rats in the yard next door. There were rats on the move[3]. Every yard was vulnerable.

Children played in those yards. Families held their summer barbecues[4] there. Teenagers[5] sunned themselves[6] there in the summer and men smoked cigars on warm spring nights. These yards weren't meant to be shared with rodents. Rodents were dangerous to everyone's health.

"The problem's not rats," Beau Downey said. "The problem's the woman, Willow. She probably thinks having rats is normal. Hell[7], she's from Russia. What d'you[8] want?"

What Willow wanted was peace of mind. She wanted to know that her children were safe, that she could let Blythe-or-Cooper crawl on the lawn without having to worry that a rat—or rats' droppings—would be out there.

"Call an exterminator," Scott told her.

"Burn a cross on her lawn[9]," Beau Downey advised.

She phoned Home Safety Exterminators[10], and in short order[11] a professional came to call.

---

1. **scarred** : *balafré* ; **Scarface** : *le Balafré* (surnom d'**Al Capone**).

2. **to tell the tale** : *dévoiler le pot aux roses , dire le fin mot de l'affaire, faire éclater la vérité.*

3. **on the move** : *en mouvement, en route, en voyage, en déplacement.*

4. **barbecues** : les Américains adorent se réunir entre voisins pour des grillades en plein air.

5. **teenagers** : les jeunes gens dans leurs **teens** = *les adolescents* ; mot s'appliquant à l'âge, formé sur la finale **teen** des nombres de 13 à 19.

6. **to sun oneself** : *s'exposer/se dorer/se chauffer au soleil* ; *bronzer.*

Elle eut un mouvement de recul devant la sensation et arracha vivement la courge à son enchevêtrement de tiges. Elle vit que le légume portait des traces de morsures.

Les crottes et les marques de dents en disaient long. Il n'était plus simplement question de rats occupant le jardin d'à côté. Il s'agissait de rats qui se déplaçaient. Chaque jardin était vulnérable.

Il y avait des enfants qui jouaient dans ces jardins. L'été, les familles y faisaient des barbecues, les adolescents y prenaient des bains de soleil et, par les chaudes soirées printanières les pères y fumaient le cigare. Ces jardins n'étaient pas prévus pour être partagés avec des rongeurs. Les rongeurs étaient une menace pour la santé de tous.

— Le problème, ce n'est pas les rats, Willow, » affirma Beau Downey. « Le problème, c'est la bonne femme. Elle croit peut-être qu'il est normal qu'il y ait des rats. Merde, elle arrive de Russie ! Qu'est-ce que tu espères ? »

Ce qu'espérait Willow, c'est retrouver sa tranquillité d'esprit. Elle voulait être sûre que ses enfants ne risquaient rien, qu'elle pourrait laisser Blythe-ou-Cooper se vautrer sur la pelouse sans avoir à s'inquiéter qu'il s'y trouve un rat, ou des crottes de rat.

« Fais appel à un dératiseur » lui suggéra Scott.

« Fais brûler une croix sur sa pelouse, » lui conseilla Beau Downey.

Elle téléphona à l'entreprise Nous Dératisons Chez Vous et un spécialiste se présenta avec célérité.

---

7. **hell** : juron très grossier qui peut se traduire de plusieurs manières en français : *merde ! putain ! bordel !* etc.

8. **d'you** : les élisions, comme les omissions de mots, fréquentes les unes et les autres dans ce texte, relèvent du langage parlé familier.

9. **burn a cross** : pratique courante des membres du **Ku Klux Klan**, dans les États du sud, pour terroriser leurs (futures) victimes.

10. **home safety exterminators** : mot à mot *exterminateurs de sécurité à domicile.*

11. **in short** (or **quick**) **order** : (US) *sur le champ, au plus vite, immédiatement, toutes affaires cessantes.*

He verified the evidence[1] in Willow's vegetable plot, and for good measure, he paid a call[2] on the Gilberts on the other side of 1420 and did much the same there. This, at least, got Leslie off the sofa[3]. She dragged a set of[4] kitchen steps to the fence and peered over at 1420's backyard.

Aside from a path to the chicken coop, ivy grew everywhere, even up the trunks of the fast-growing trees.

"This," Home Safety Exterminator pronounced, "is a real problem, lady[5]. The ivy's got to go. But the rats have to go first."

"Let's do it," Willow said.

But there was a problem as things turned out[6]. Home Safety Exterminators could trap rats on the McKennas' property. They could trap rats in the Gilberts' yard. They could walk down the street and see to the Downeys' and even cross over and deal with[7] the Harts'[8]. But they couldn't enter a yard without permission, without contracts being signed and agreements reached[9]. And that couldn't happen unless and until someone made contact with Anfisa Telyegin.

The only way to manage this was to waylay[10] the woman when she left one night to teach one of her classes[11] at the local college.

---

1. **evidence** généralement singulier : *témoignage(s), preuve(s)*.
2. **pay (to) a call** : *rendre visite, passer voir.*
3. **this got Leslie off the sofa** : mot à mot *ceci tira L. hors du canapé.*
4. **a set of** : *un ensemble, une série, un groupe, une collection de* ; **a set of keys** : *un trousseau de clés* ; **a set of tools**, *un jeu d'outils*, etc.
5. **lady** : mot à mot : *dame* (du monde) ou titre de noblesse (femme d'un **Lord**). Dans la langue familière, *M'dame, ma bonne dame, ma p'tite dame*, etc.
6. **as things turned out** : *telles que comme les choses tournèrent.*

Il vérifia les preuves dans le potager de Willow et, pour faire bonne mesure, il fit une visite chez les Gilbert, de l'autre côté du 1420, pour y faire à peu près le même constat. Du coup cela extirpa Leslie de son canapé. Elle traîna un escabeau de cuisine vers sa clôture et scruta le jardin de derrière du 1420.

À l'exception du sentier qui menait au poulailler, le lierre avait tout envahi, jusqu'au haut des troncs des arbres qui poussaient à toute allure.

— Il y a un vrai problème, M'dame, » fit le spécialiste exterminateur. « Le lierre doit disparaître, mais il faut d'abord supprimer les rats. »

— On s'y met» fit Willow.

Mais la suite des événements firent apparaître un problème. Le spécialiste dératiseur pouvait piéger les rats dans la propriété des McKenna. Il pouvait le faire dans le jardin des Gilbert. Il pouvait descendre la rue pour s'occuper de celui des Downey et même traverser pour traiter celui des Hart. Mais il ne pouvait pas entrer dans un jardin sans autorisation, sans accord préalable et sans contrat dûment signé. Et cela ne se réaliserait pas sans que quelqu'un prenne langue avec Anfisa Telyeguine.

La seule façon d'y parvenir était de la coincer au moment où elle sortait pour donner un de ses cours au collège universitaire local.

---

7. **deal with** : *traiter de/avec, s'occuper de* ; *faire affaire/conclure avec.*

8. **the Mackennas', the Gilberts', the Doroneys', the Harts'** : les noms propres prennent la marque du pluriel en anglais, et par conséquent le cas possessif se contente ici de l'apostrophe après le **"s"**.

9. **agreements reached** : des accords atteints.

10. **to waylay (waylaid, waylaid)** : *attirer dans une embuscade, surprendre* ; *prendre à part pour discuter.*

11. **to teach a class** : *faire (son/un) cours, enseigner.*

Willow appointed[1] herself neighborhood liaison[2], and she took up watch[3] at her kitchen window, feeding her family take-out[4] Chinese and pizza for several days so as not to miss the moment when the Russian woman set off for the bus stop at the end of Napier Lane. When that finally happened, Willow grabbed her parka and dashed out after her.

She caugt up to her in front of the Downeys' house which, as always, was already ablaze with Christmas lights despite the fact that Thanksgiving[5] had not yet arrived. In the glow from the Santa and reindeer on the roof, Willow explained the situation.

Anfisa's back was to the light, so Willow couldn't see her reaction. Indeed, she couldn't see the Russian woman's face at all, so shrouded was she in a head scarf and a wide-brimmed hat. It seemed reasonable enough to Willow to assume[6] that a passing along of information would be all that the unpleasant situation required. But she was surprised.

"There are no rats in the yard," Anfisa Telyegin said with considerable dignity, all things considered. "I fear you are mistaken[7], Mrs. McKenna."

"Oh no," Willow contradicted her. "I'm not, Miss Telyegin. Truly, I'm not.

---

1. **she appointed herself** :*elle se nomma, se désigna (elle-même)* ; **to appoint** : *nommer, choisir ; fixer, installer.*
2. **liaison** : mot d'origine française (même sens qu'en anglais) appliqué d'abord au domaine militaire ; **to liaise** : *assurer une liaison, faire l'agent de liaison.*
3. **took up watch** : *prit son tour de garde.*
4. **take-out [foods]** : *plats à emporter* ; on trouve aussi **take-away foods**.

Willow s'autoproclama agent de liaison du quartier et prit la garde à la fenêtre de sa cuisine, nourrissant sa famille de plats cuisinés chinois et de pizzas pendant plusieurs jours de façon à ne pas rater le moment où la Russe se rendrait à l'arrêt du bus au bout de Napier Lane. Lorsque l'occasion se présenta enfin, Willow saisit sa parka au vol et bondit à sa poursuite.

Elle la rattrapa devant chez les Downey, dont la maison, comme d'habitude, resplendissait déjà des mille feux de Noël alors que Thanksgiving n'était pas encore là. Dans la lueur rougeoyante du Père Noël et de ses rennes décorant le toit, Willow expliqua la situation.

Anfisa tournait le dos à la lumière, si bien que Willow ne vit pas sa réaction. D'ailleurs elle ne pouvait pas voir le visage de la Russe, tant il était largement recouvert par son fichu et son chapeau à large bord. Il semblait assez évident à Willow qu'une information appropriée était tout ce qu'exigeait cette situation déplaisante. Mais elle eut une surprise.

— Il n'y a aucun rat dans mon jardin, » affirma Anfisa Telyeguine avec, tout compte fait, beaucoup de dignité. « Je crains que vous ne vous trompiez, madame McKenna. »

— Oh que non ! », reagit Willow.

---

5. **Thanksgiving (day)** : chômé dans tous les États-Unis (à l'exception du Kentucky) le quatrième jeudi du mois de novembre. *Jour d'action de grâces*, instauré par les pèlerins du **Mayflower** en 1621, l'année suivant leur débarquement sur les côtes de la *Nouvelle-Angleterre* (**New England**).

6. **to assume** : *supposer* ; *admettre* ; *assumer.*

7. **I fear you are mistaken** : *je crains que vous ne soyez dans l'erreur.* **I fear** et **I'm afraid** sont plutôt des formes de politesse destinées à atténuer ce que l'énoncé qui les suit peut avoir de brutal ou de déplaisant.

Not only did I[1] see one when I brought you those brownies ... Did you get them, by the way? They're my specialty ... But when I set[2] a trap, I actually caught it. And then I saw two more. And then when I found the droppings in my yard and called the exterminator and *he* looked around[3] ..."

"Well, there you have it[4]," Anfisa said. "The problem is with your yard, not mine."

"But—"

"I must be on my way."

And so she walked off, with nothing settled between them.

When Willow shared this information with Scott, he decided a neighborhood war council was called for[5], which was another term for a poker night at which poker wasn't played and to which wives were invited. Willow found herself overwrought[6] at the idea of what might happen once the neighborhood became involved in the problem. She didn't like trouble. But by the same token[7], she wanted her children to be safe from vermin[8]. She spent most of the meeting anxiously chewing on her nails[9].

Every position taken on the situation was a turn of the prism that is human nature. Scott wanted to go the legal route[10] in keeping with his by-the-book personality[11].

---

1. **not only did I** : notez l'inversion auxiliaire-sujet.

2. **to set, set, set** : *poser, placer, mettre* etc.

3. *he* **looked around** : les mots en italiques, nombreux dans ce récit, marquent une forme d'insistance du locuteur.

4. **there you have it** : mot à mot *là vous l'avez* ; *vous y êtes.*.

5. **a war council called for** : *un conseil de guerre fut convoqué.*

« Je ne me trompe pas, mademoiselle Telyeguine. Absolument pas. Non seulement j'en ai vu un lorsque je vous ai apporté mes brownies... Au fait, vous les avez bien trouvés ? C'est ma spécialité... Mais quand j'ai posé mon piège, je l'ai bel et bien attrapé. Et puis j'en ai vu deux autres. Et ensuite j'ai trouvé les crottes dans mon jardin et j'ai appelé une entreprise de dératisation, et ils ont regardé à l'entour... »

— Eh bien, vous y êtes, » rétorqua Anfisa. « Le problème, c'est votre jardin, pas le mien. »

— Mais... »

— Il faut que j'y aille. »

Et elle reprit son chemin, sans que rien n'ait été réglé entre elles.

Quand Willow transmit l'information à Scott, il décida qu'un conseil de guerre de quartier s'imposait, ce qui était une autre façon de dire qu'une partie de poker aller durer toute la nuit, sauf qu'on n'y jouerait pas au poker mais que les épouses seraient invitées. Willow se sentait extrêmement tendue à l'idée de ce qui pourrait advenir une fois que tous les voisins seraient impliqués. Elle détestait les ennuis. Mais de surcroît, elle voulait que ses enfants soient à l'abri des nuisibles. Elle passa la majeure partie de la réunion se ronger nerveusement les ongles.

Chacun des avis émis sur la situation représentait une facette du prisme que constitue la nature humaine. Scott tenait à ce que tout fût fait selon la loi, conformément à sa personnalité légaliste.

---

6. **overwrought** : *à bout de nerfs.*
7. **by the same token** : *de plus, en outre.*
8. **vermin** : *vermine, parasites ; nuisibles.*
91. **chewed on her nails** : mot à mot *mâcha sur ses ongles.*
10. **go the legal route** : *suivre la voie légale.*
11. **by-the-book personality** : *personnalité légaliste, qui s'en tient au règlement, à la loi.*

Start with the health department, bring in the police[1] if that didn't work, turn to lawyers subsequently. But Owen Gilbert didn't like this idea at all. He didn't like Anfisa Telyegin for reasons having more to do with her refusal to let him do her income taxes[2] than with the rodents that were invading his property, and he wanted to call the F.B.I.[3] and the I.R.S.[4] and have them deal with her[5]. Surely she was involved in something. Everything from tax dodging[6] to espionage[7] was possible. Mention of the I.R.S. brought the I.N.S.[8] into Beau Downey's mind, which was more than enough to enflame *him*. He was of the persuasion[9] that immigrants are the ruination[10] of America and since the legal system and the government clearly weren't about to do[11] a damn thing to keep the borders closed to the invading hordes, Beau said *they* should at least do something to close their neighborhood to them.

"Let's let this gal know she ain't welcome here," he said, to which suggestion his wife Ava rolled her eyes. She never made a secret of the fact that she considered Beau good for mixing her drinks, servicing her sexual needs, and not much more.

"How d'you suggest we do that, darlin'?" Ava asked. "Paint a swastika on her front door?"

---

1. **bring in the police** : *appeler/faire appel à/convoquer la police.*
2. **do her income taxes** : *faire sa déclaration de revenu.*
3. **FBI = Federal Bureau of Investigations**, *Agence fédérale d'investigations*, équivalent à la fois de la *Police judiciaire* (PJ), des *Renseignements généraux* (RG) et de la *Direction de la surveillance du territoire* (DST). Le **FBI** dépend du **Department of Justice** (ministère de la justice) ; ses pouvoirs sont très étendus et couvrent toutes les violations des lois fédérales ; il enquête aussi sur les affaires d'espionnage à l'intérieur des États-Unis. L'espionnage et la sécurité extérieure (confiés en France à la *Direction générale de la sécurité extérieure*, DGSE) relèvent de la **CIA** (**Central Intelligence Agency**), agence du **NSC** (**National Security Council**) placé sous l'autorité directe du Président des États-Unis.
4. **IRS** : = **Internal Revenue Service**, équivalent du *Fisc*, avec des pouvoirs de police très importants : les agents de l'**IRS** , qui

On commence par les services de l'hygiène, on met la police dans le coup si ça ne marche pas, enfin on s'adresse aux avocats. Mais ça ne plut pas du tout à Owen Gilbert. Il n'aimait pas Anfisa Telyeguine pour des raisons qui tenaient plus au fait qu'elle avait refusé qu'il s'occupe de sa déclaration de revenus qu'avec les rongeurs qui envahissaient sa propriété. Il voulait prévenir le FBI et l'IRS pour qu'ils s'occupent d'elle. Elle était sûrement coupable de quelque chose, depuis l'évasion fiscale jusqu'à l'espionnage. L'évocation de l'IRS fit naître l'idée de l'INS chez Beau Downey, ce qui suffit largement pour lui mettre l'esprit en feu. Il était d'avis que les immigrants causent la ruine de l'Amérique, et que puisque ni le système judiciaire ni le gouvernement n'étaient manifestement prêts à faire quoi que ce soit pour fermer les frontières à ces foutues hordes d'envahisseurs, Beau déclara qu'eux, du moins, devait tout faire pour leur interdire l'accès à leur quartier.

— Qu'on explique à cette bonne femme qu'elle est pas la bienvenue ici, » dit-il, suggestion à laquelle son épouse Ava leva les yeux au ciel. Ce n'était un secret pour personne qu'elle considérait Beau comme tout juste bon à préparer ses cocktails et à satisfaire ses besoins sexuels, mais c'était à peu près tout.

— Et comment tu suggères qu'on le lui fasse savoir, mon chou ? En peignant une croix gammée sur sa porte ? » demanda-t-elle.

---

sont armés, diligentent les poursuites pour violation des lois fédérales s'appliquant à l'impôt qui peuvent conduire en prison, et parfois pour longtemps. Ce sont les agents du fisc qui ont réussi, en 1931, à faire inculper et condamner **Al Capone**, le plus dangereux criminel des États-Unis des années 20-30 qui avait toujours réussi à échapper à une condamnation pour les autres crimes et délits dont il était notoirement coupable.
5. **have them deal with her** : mot à mot *faites-les s'occuper d'elle*.
6. **tax dodging** : *fraude fiscale*, *évasion fiscale*. Il s'agit de crimes fédéraux très sévèrement réprimés aux États-Unis. **To dodge** : *éviter, esquiver* ; *éluder* (une question).
7. **espionage** [ˈespɪɑːʒ].
8. **INS = Immigration and Naturalization Service**, agence fédérale dépendant du **Bureau of US Dept. of Homeland Security** (sécurité intérieure). S'occupe notamment de l'immigration illégale, très importante et sévèrement sanctionnée aux États-Unis.
9. **to be of the persuasion that** : mot à mot *être de la croyance que*.
10. **ruination** [ruːɪˈneɪfən] : *perte, provocation de la ruine, ruine*.
11. **about to do** : *sur le point de faire*.

"Hell, we need a family in there anyway," Billy Hart said, chugging[1] his beer. It was his seventh and his wife had been counting them, as had Willow, who wondered why Rose didn't stop him from making a fool of himself[2] every time he went out in public instead of just sitting there with an agonized expression[3] on her face. "We need a couple our age, people with kids, maybe even a teenage[4] daughter ... one with decent tits[5]." He grinned and gave Willow a look she didn't like. Her own breasts—normally the size of teacups—were swelling with her pregnancy and he fixed his eyes to them and winked at her.

With so many opinions being expressed, is there any doubt[6] that nothing was settled? The only thing that occurred was passions being enflamed. And Willow felt responsible for[7] having enflamed them.

Perhaps, she thought, there was another way to deal with the situation. But wrack her brains though she did[8] for the next several days, she could come up with no approach to the problem.

It was when a letter went misdelivered[9] to her house that Willow came up with what seemed a likely[10] plan of action. For stuck within a collection of catalogues and bills[11] was a manila[12] envelope forwarded to[13] Anfisa Telyegin from an address in Port Terryton, a small village on the Weldy River some ninety-five miles north of Napier Lane

---

1. **to chug** : *faire un bruit sourd* (moteur).
2. **from making a fool of himself** : *de passer pour un idiot.*
3. **agonized expression** : *expression d'angoisse, de souffrance morale.*
4. **teenage :** voir plus haut note **teenager.**
5. **tits** : *lolos, nénés, doudounes, nichons, roberts....*
6. **is there any doubt** : *y a-t-il le moindre doute.*
7. **responsible for** : noter la préposition **for**, *de.*
8. **wrack her brains though she did** : forme d'insistance avec report de l'auxiliaire à la fin ; une forme moins intensive aurait été : **though she did wrack her brains...**

— Merde, de toute façon c'est une famille qu'on veut là dedans, » déclara Bill Hart en claquant sa chope de bière. C'était sa septième, sa femme les avait comptées, tout comme Willow qui se demandait pourquoi Rose ne l'empêchait pas de se ridiculiser chaque fois qu'il se montrait en public, au lieu de rester là à faire une tête d'enterrement.

— Ce qu'il nous faut, c'est un couple de notre âge, des gens avec des enfants, peut-être même une gamine avec de beaux lolos... » Il eut un rictus en direction de Willow qui n'apprécia pas. Ses propres seins, en temps normal de la taille d'une soucoupe, gonflaient du fait qu'elle était enceinte, et il les fixait en lui faisant des clins d'œil.

Avec toute cette variété d'opinions, comment s'étonner que rien ne soit réglé ? Le seul résultat fut que les passions se déchaînèrent. Et que Willow se sentit coupable de les avoir déchaînées.

Peut-être y a-t-il une autre manière de traiter de la situation, se dit-elle. Mais elle eut beau se triturer les méninges pendant les jours qui suivirent, elle ne réussit pas à trouver une manière de régler le problème.

Ce n'est que lorsqu'une lettre fut déposée par erreur dans sa boîte que Willow imagina ce qui lui parut un plan d'action possible. En effet, coincée au milieu d'une collection de factures et de publicités, elle trouva une enveloppe chamois réexpédiée à Anfisa Telyeguine depuis une adresse à Port Terryton, un petit village au bord de la Weldy, à quelque cent cinquante kilomètres au nord de Napier Lane.

---

9. **misdelivered** : le préfixe **mis-** dénote l'erreur, la mauvaise façon de faire ; autres exemples : **to mislay**, *égarer*, **to mislead**, *induire en erreur* etc.
10. **likely** : *vraisemblable, probable, possible.*
11. **catalogues and bills** : on aurait pu s'attendre à lire **catalogs** , en américain ; (US) **bills** = (GB) **invoices**.
12. **manila** ou **manilla** [mə'nilə] : (papier) résistant de couleur chamois, souvent utilisé pour les enveloppes officielles ou commerciales.
13. **forward (to)** : *acheminer, expédier, faire suivre réexpédier; transmettre,* réexpédier ; (**please**) **forward to** : (*prière de*) *faire suivre.*

Perhaps, Willow thought, someone in Anfisa's former neighborhood[1] could help her[2] present neighbors learn how best to approach her.

So on a crisp morning when the children were in school and Scott was tucked away[3] for his well-earned five hours, Willow got out her state atlas and plotted[4] a route that would take her to Port Terryton before noon. Leslie Gilbert went, too, despite having to miss her daily intake[5] of dysfunction on the television set.

Both of ladies had heard of Port Terryton. It was a picturesque village some three hundred years old, set amidst an old-growth[6] deciduous[7] forest that flourished right to the banks of the Weldy River. Money lived in Port Terryton. Old money, new money, stock market money, dot com money, inherited money[8]. Mansions[9] built in the eighteenth and nineteenth centuries served as display pieces[10] for inordinate[11] wealth.

There were inferior areas in the village as well, streets of visually pleasing cottages where the day help[12] and the lesser soulsv[13] lived. Leslie and Willow found Anfisa's former residence in one of these areas[14]: a charming and well-painted gray and white salt-box structure[15] shaded by a copper-leafed maple with a clipped[16] front lawn and flowerbeds planted with a riot[17] of pansies.

---

1. **someone in her former neighborhood** : *quelqu'un dans son environnement précédent.*
2. **help her (...) learn** : notez l'emploi de **help** comme semi-défectif (sans **to**).
3. **tucked away** : *enfoui, fourré, blotti.*
4. **plot (to)** : *tracer* (un graphique, des courbes) ; *comploter, conspirer.*
5. **daily intake** : *absorption journalière.*
6. **old-growth** : *de pousse ancienne.*
7. **deciduous** : (*à feuilles*) *caduques,* (*à feuillage*) *caduc* ; contraire de *persistant,* **persistent.**
8. **dot com money** : *l'argent des « points-coms »* = sociétés du secteur des nouvelles technologies offrant leurs services sur l'Internet. **Dot** : point dans une adresse Internet sur la lettre « i »

Willow pensa qu'un ancien voisin d'Anfisa pourrait peut-être aider ses voisins actuels trouver la meilleure façon de l'approcher.

C'est donc par une matinée frisquette, une fois les enfants à l'école et Scott sous la couette pour ses cinq heures de sommeil bien méritées, que Willow sortit son atlas routier et traça l'itinéraire qui la conduirait à Port Terryton avant midi. Leslie Gilbert serait elle aussi de la partie, bien que cela la prive de sa dose quotidienne de problèmes de société à la télévision.

Toutes deux avaient entendu parler de Port Terryton, village pittoresque vieux d'environ trois cents ans, niché au cœur d'une ancienne forêt d'arbres à feuilles caduques qui s'épanouissaient jusqu'au bord même de la rivière. Port Terryton transpirait la richesse. La richesse établie de longue date, mais aussi la plus récente, l'argent de la spéculation, l'argent des pointcoms, l'argent des héritages. Des hôtels particuliers bâtis au dix-huitième et au dix-neuvième siècles servaient d'écrin à des fortunes extravagantes.

Mais il y avait aussi des quartiers de moindre statut, aux artères bordées de petites maisons plaisantes à voir, où vivaient les aides domestiques et les gens de condition inférieure. Leslie et Willow découvrirent l'ancienne résidence d'Anfisa dans un de ces quartiers : une charmante maison de poupée blanche et grise, ombragée par un érable flamboyant, et agrémentée d'une impeccable pelouse à l'avant, et de parterres plantés de pensées à profusion.

---

ou dans une adresse Internet. Le signe de ponctuation *point* se dit (GB) **full stop** ou (US) **period**.

9. **mansions** : *grandes demeures*, souvent anciennes ; *résidences* chics dans les beaux quartiers.

10. **display pieces** : *joyaux d'une exposition*, *pièces de choix*.

11. **inordinate** : *démesuré, excessif, immodéré* ; ~ **wealth** : *fortune démesurée, gigantesque, énorme*.

12. **day help** : mot à mot *l'aide de jour = personnel ne résidant pas à demeure, femmes de ménage* etc.

13. **lesser souls** : mot à mot *des âmes moindres*.

14. **areas** ['eərɪə] : *secteurs, zones, emplacements* ; (construction) *lots, sites*.

15. **salt-box structure** : mot à mot *structure en forme de boite à sel*, d'où *cube ou parallélépipède sans grâce*.

16. **clip (to)** : *tondre* ; *rogner* ; *poinçonner*.

17. **riot** ['raɪət] **of pansies** ['pænzɪz] : *une débauche de pensées* ; **riot** : *émeute, déchaînement, déferlement* ; *profusion*.

"So what're we trying to find out, exactly?" Leslie asked as Willow pulled to a stop by the curb[1]. Leslie had brought along a box of glazed donuts[2], and she'd spent most of the drive gorging herself[3] upon them. She licked her fingers as she asked the question, bending down to squint through[4] the window at Anfisa's former house.

"I don't know," Willow said. "Something that could help."

"Owen's idea was the best," Leslie said loyally. "Call in the Feds[5] and hand her over[6]."

"There's got to be something less ... well, less brutal than that. We don't want to destroy her life."

"We're talking about a yard full of rats," Leslie reminded her. "A yard of rats that she denies exists[7]."

"I know, but maybe there's a *reason* why she doesn't know they're there. Or why she can't face admitting[8] they're there. We need to be able to help her confront this."

Leslie blew out a breath and said, "Whatever, sweetie[9]."

They'd come to Port Terryton without much of a plan[10] of what they'd do once they got there. But as they looked fairly harmless—one of them just beginning to show a pregnancy and the other placid enough to inspire trust—they decided to knock on a few doors.

---

1. **curb** : (GB) **kerb**, *bord du trottoir*.
2. **donuts** ou (GB) **doughnuts** :*beignets*, souvent fourrés de confiture ou de crème.
3. **to gorge oneself** : *se goinfrer, s'empiffrer*.
4. **to squint through** : mot à mot *loucher à travers*.
5. **the Feds** : abréviation de **the Federal Agents**, *agents du FBI* (voir note 3 p.72).
6. **to hand over** : *transmettre, remettre, livrer*.

— Au fait, qu'est-ce qu'on cherche exactement ? » demanda Leslie tandis que Willow se garait le long du trottoir. Elle avait emporté une boîte de beignets saupoudrés de sucre glace, dont elle s'était gavée tout au long du trajet. Elle se léchait les doigts en posant sa question tout en se penchant pour voir l'ancienne maison d'Anfisa à travers la vitre.

— Je ne sais pas au juste, » fit Willow. « Quelque chose qui pourrait nous aider. »

— C'est Owen qui avait la meilleure idée, » déclara Leslie avec loyauté. « Appeler les fédéraux et la leur refiler. »

— Il doit bien y avoir quelque chose de moins... disons de moins brutal. Ce n'est pas détruire sa vie que nous voulons. »

— Il s'agit d'un jardin envahi par les rats, » lui rappela Leslie. « Un jardin envahi par les rats dont elle dit qu'il n'existe pas. »

— Je sais bien, mais il y a peut-être une *raison* qui explique qu'elle ne sache pas qu'il y en a. Ou pourquoi elle se refuse à admettre qu'ils sont là. Il faut que nous puissions l'aider à faire face. »

Leslie poussa un soupir et dit : « Comme tu voudras, mon chou. »

Elles étaient venues à Port Terryton sans plan précis sur ce qu'elle feraient une fois rendues. Mais comme elles avaient l'air assez inoffensives, l'une en début de grossesse et l'autre assez placide pour inspirer confiance, elles résolurent de frapper à quelques portes.

---

7. **that she denies exists** : sous entendu (**denies**) **that it** (**exists**).
8. **she can't face admitting** : *elle n'est pas capable d'admettre.*
9. **Whatever, sweetie** : = (**whatever**) **you feel like doing, sweetie.**
10. **without much of a plan** : mot à mot *sans beaucoup d'un plan = avec pas grand-chose comme plan.*

The third house they tried was the one that provided them with the insight[1] they'd been looking for. It was however, not an insight that Willow would have liked to unearth[2].

From Barbie Townsend across the street from Anfisa Telyegin's home, they received cups of tea with lemon, chocolate chip cookies, and a wealth[3] of information. Barbie had even kept a scrapbook of the Rat Lady Affair, as the Port Terryton newspaper had come to call it.

Leslie and Willow hardly spoke on the drive home. They'd planned to have lunch in Port Terryton, but neither[4] of them had an appetite[5] once[6] they were finished talking[7] to Barbie Townsend. They were both intent upon[8] getting back to Napier Lane and informing their husbands of what they'd learned. Husbands, after all, were intended to[9] deal with this sort of situation. What else were they for? They were supposed to be the protectors. Wives were the nurturers[10]. That's the way it was.

"They were everywhere," Willow told her husband, interrupting him in the midst of a phone call to a prospective client. "Scott, the newspaper even had *pictures* of them."

---

1. **insight** : *perspicacité, compréhension intime ; aperçu, idée.*
2. **to unearth** : *déterrer, mettre à jour ;* attention : **to deter** [dɪ'tɜːr]: *dissuader, empêcher de.*
3. **wealth** : *richesse(s)* ; ~ **of** : *profusion de.*
4. **neither of them** : *ni l'une ni l'autre* ; **neither... nor** : *ni... ni...* ; **either... or...** : *ou bien, ou bien, soit... soit...*
5. **to have an appetite** ['æpətaɪt] : *avoir de l'appétit, avoir faim.*

C'est la troisième maison qui leur fournit l'éclairage qu'elles recherchaient. Un éclairage que Willow, pourtant, aurait préféré ne pas découvrir.

Dans la maison située en face de l'ancien domicile d'Anfisa Telyeguine, elles se virent offrir par Barbie Townsend du thé au citron, des biscuits aux pépites de chocolat et une mine d'informations. Barbie avait même rempli un album sur l'Affaire de la Dame aux Rats, comme le journal de Port Terryton en était venu à l'appeler.

Leslie et Willow ne se parlèrent guère sur le chemin du retour. Elles avaient prévu de déjeuner à Port Terryton, mais la discussion avec Barbie Townsend leur avait coupé l'appétit. Elles n'avaient toutes les deux qu'une envie, c'était de rentrer à Napier Lane et de raconter à leurs époux ce qu'elles avaient appris. La raison d'être des maris, après tout, c'était de régler ce genre de situation. Sinon à quoi servaient-ils ? Ils étaient censés jouer leur rôle de protecteurs. Les épouses étaient les mères nourricières. C'est ainsi que vont les choses.

— Il y en avait partout, » dit Willow à son mari, l'interrompant au milieu d'un coup de téléphone à un client potentiel. « Scott, le journal avait même des *photos* d'eux. »

---

6. **once** : *une fois* ; (ici) *une fois que.*
7. **they were finished talking** : notez l'emploi du verbe **to be** dans l'expression **to be finished**, *en avoir terminé.*
8. **intent upon** : *résolu(es) à.*
9. **intended to** : *destiné(s) à.*
10. **nurturer** : *nourricier* ; *protecteur/trice.*

"Rats," Leslie informed her Owen. She went directly to his office and barged right in[1], trailing her paisley shawl[2] behind her like a security blanket[3]. "The yard was infested. She'd planted ivy. Just like here. The health department and the police and the courts all got involved ... The neighbors sued[4], Owen."

"It took five years," Willow told Scott. "My God, five years. Jasmine will be *twelve* in five years. Max will be ten. And we'll have Blythe-or Cooper as well. And probably two more. Maybe three. And if we haven't solved this problem by then ..." She began to cry, so afraid for her children was she[5] becoming.

"It cost them a fortune in lawyers' fees[6]," Leslie Gilbert told Owen. "Because every time the court ordered her to do something, she countered with a lawsuit[7] herself. Or she appealed[8]. We don't have the kind of money they have in Port Terryton. What're we going to do?"

"She's sick in some way," Willow said to Scott. "I know that, and I don't want to hurt her. But still, she's got to be made to *see* ... Only how can we make her see if she denies there's a problem in the first place[9]? *How*?"

---

1. **she barged right in** : *elle fit irruption tout droit* (dans le bureau). **To barge** : *aller* (et venir), *marcher, avancer* ; ~ **into** : *(r)entrer dans* (personne, pièce) : *faire irruption* ; *interrompre* (conversation).
2. **paisley shawl** : *châle en cachemire.*
3. **security blanket** : jouet, bout de tissu, poupée ou tout autre objet que les très jeunes enfants gardent toujours tout près d'eux pour se rassurer ou s'endormir ; *doudou.*

— Des rats, » déclara Leslie au sien. Elle se rendit directement au bureau d'Owen et s'y engouffra, traînant derrière elle son châle à motifs de cachemire comme un doudou. « Le jardin en était infesté. Elle avait planté du lierre. Tout comme ici. Les services de l'hygiène, la police, les tribunaux, tout le monde s'en est mêlé... Les voisins lui ont fait un procès, Owen. »

— Cela a pris cinq ans, » dit Willow à Scott. « Seigneur, cinq ans ! Jasmine aura *douze* ans, dans cinq ans. Max aura dix ans. Et nous aurons aussi Blythe-ou-Cooper. Et sans doute deux de plus, peut-être trois. Et si nous n'avons pas réglé ce problème d'ici là... » Elle se mit à pleurer, tant elle commençait à s'effrayer pour ses enfants.

— Cela leur a coûté une fortune en honoraires d'avocats, » dit Leslie à Owen. « Parce que chaque fois que le tribunal lui enjoignait de faire ceci ou cela, elle contre-attaquait en faisant un procès à son tour. Ou bien elle faisait appel. Nous n'avons pas les moyens financiers qu'ils ont, à Port Terryton. Qu'est-ce qu'on va faire ? »

— D'une certaine façon, c'est une malade, » affirma Willow à Scott. « Je le sais, et je n'ai pas l'intention de lui faire du mal. Mais il faut bien qu'on lui fasse *comprendre*... Seulement comment peut-on lui faire comprendre si elle refuse de voir qu'il y un problème pour commencer ? *Comment* ? »

---

4. **to sue** : *faire procès, attaquer en justice, ester.*
5. **so afraid was she** : notez l'inversion.
6. **lawyers' fees** : *honoraires d'avocats.*
7. **lawsuit** : *procès.*
8. **to appeal** : *faire appel.*
9. **in the first place** : mot à mot *en premier lieu* ; *pour commencer, au début, dès le départ.*

Willow wanted to go the mental health route[1]. While the Napier Lane menfolk[2] gathered nightly to come up with a plan of action that would take care of the problem posthaste[3], Willow did some research on the Internet. What she learned opened her heart to the Russian woman who, she realized, clearly wasn't responsible in full for the infestation[4] of her property.

"Read this," Willow said to her husband. "It's a sickness, Scott. It's a mental disorder. It's like ... You know when people have too many cats? Women, usually? Older women[5]? You can take all their cats away but if you don't deal with the mental problem, they just go out and get more cats."

"You're saying she collects[6] *rats*?" Scott asked her. "I don't think so[7], Willow. If you want to take the psychological[8] viewpoint[9], then let's call this what it is: denial[10]. She can't admit that she's got rats because of what rats imply."

The men agreed with Scott, especially Beau Downey who pointed out that, as a foreigner—or furinner, as he pronounced it—Anfisa Telyegin probably didn't know a damn thing about hygiene, personal or otherwise. God only knew what the *inside* of her house was like. Had any of them seen it? No? Well, then, he rested his case[11].

---

1. **to go a certain route** : *prendre/s'engager dans une certaine voie, prendre un parti.*
2. **menfolk** [ˈmenfəʊk].
3. **posthaste** [pəʊstˈheɪst] : *en toute hâte, toutes affaires cessantes, dare-dare.*
4. **infestation** : *infestation.*
5. **older women** : *les femmes (plus) âgées, d'un certain âge* ; notez le comparatif qui explicite la division en deux catégories : les jeunes et les moins jeunes.

Willow aurait voulu prendre la voie de la santé mentale. Alors que les hommes de Napier Lane se réunissaient nuitamment pour concocter un plan d'action qui règlerait le problème toutes affaires cessantes, Willow fit des recherches sur la Toile. Ce qu'elle y apprit fit naître en elle une sorte de compassion pour la Russe qui, elle s'en rendit compte, n'était pas entièrement responsable de l'invasion de sa propriété.

— Lis ceci, » dit Willow à son mari. « C'est une maladie, Scott. C'est un trouble mental. Ça ressemble à... Tu sais, quand les gens ont trop de chats ? Des femmes, en général ? Des femmes âgées ? On peut leur enlever tous leurs chats, si on ne soigne pas leur trouble mental, elles vont tout simplement sortir pour se procurer plein de chats. »

— Tu es en train de me dire qu'elle fait collection de rats ? » la questionna Scott. « Je n'y crois pas, Willow. Si tu veux voir ça sous l'angle de la psychologie, alors appelons les choses par leur nom : une réaction de rejet de la réalité. Elle refuse d'admettre qu'elle a des rats à cause de ce que ça implique. »

Les hommes étaient d'accord avec Scott, surtout Beau Downey qui fit remarquer qu'en tant qu'étrangère (il prononçait ce mot bizarrement), Anfisa Telyeguine n'avait probablement aucune foutue notion d'hygiène, personnelle ou autre. Dieu sait à quoi ressemblait *l'intérieur* de sa maison. Est-ce que quelqu'un l'avait vu? Non ? Eh bien alors, l'affaire était entendue.

---

6. **to collect** : *rassembler, recueillir, collectionner* ; *passer prendre* (qqun, qqch) ; *recouvrer, percevoir, collecter.*
7. **I don't think so** : *je ne le pense pas, je ne suis pas d'accord.*
8. **psychological** [saɪkəlɒdʒɪkəl].
9. **viewpoint** : *point de vue, panorama* ; (*fig.*) *opinion.* En anglais GB, on trouve **point of view.**
10. **denial** [dìnaɪəl] : *démenti, dénégation* ; *reniement.*
11. **he rested his case** : *il conclut son plaidoyer.*

They ought to just set up[1] a little accident over at 1420. A fire, say, started by bad wiring[2] or maybe by gas leaking3[1] at the side of the house.

Scott wouldn't hear[4] of that and Owen Gilbert began making noises[5] to distance himself from the whole situation. Rose Hart—who lived across the street and didn't have as much invested in the situation—pointed out that they didn't really know how many rats there were, so perhaps they were getting too excited about what was really a simple situation. "Willow only saw three: the one she trapped and two others. It could be we're[6] getting too riled up[7]. It could be this is a simpler problem that we think."

"But in Port Terryton, it was an *infestation,*" Willow cried, wringing her hands. "And even if there're only two more, if we don't get rid of them, there'll soon be twenty. We *can't* ignore this. Scott? Tell them…"

Several women exchanged knowing[8] glances. Willow McKenna had never been able to stand on her own two feet[9], even now.

It was Ava Downey —who would have believed it?— who offered a potential solution.

---

1. **to set (set, set) up** : *mettre en place, monter* ; *arranger, combiner.*
2. **bad wiring** : *câblage électrique défectueux, montage électrique fautif. Court-circuit* : **short circuit**.
3. **leak (to)** : *fuir, perdre, suinter* ; *prendre l'eau.*
4. **wouldn't hear** : **would** marque ici une volonté négative plutôt que le conditionnel.

Il leur suffisait d'arranger un petit incident au 1420. Disons un incendie, causé par un court-circuit, ou une fuite de gaz à côté de la maison...

Scott ne voulait pas en entendre parler et Owen Gilbert se mit à émettre des sons pour se désolidariser entièrement de la situation. Rose Hart, qui habitait de l'autre côté de la rue et ne s'était donc pas autant investie dans la question, fit remarquer qu'en fin de compte on ignorait combien de rats il y avait exactement ; alors peut-être s'emballaient-ils un peu trop à propos de quelque chose de tout simple. « Willow n'en a vu que trois : celui qu'elle a pris au piège et deux autres. On se monte peut-être le bourrichon ? Il se pourrait qu'il s'agisse d'un problème plus simple que nous pensons. »

— Mais à Port Terryton, c'était une véritable *invasion* s'écria Willow en se tordant les mains. « Et même s'il n'y en a que deux, si nous ne nous en débarrassons pas, il y en aura vite vingt. On ne *peut pas* l'ignorer. Scott ? Dis leur... »

Quelques-unes des femmes échangèrent des regards entendus. Ce n'est pas maintenant que Willow McKenna allait être capable de voler de ses propres ailes.

Ce fut Ava Downey (qui l'eût cru ?) qui suggéra une solution potentielle.

---

5. **to make noise** : *faire du bruit.*
6. **it could be we're...** : *il se pourrait que nous soyons trop...*
7. **riled up** : *énervé, troublé, agacé.*
8. **knowing** : *entendu ; complice.* **knowingly** (adv.) : *en connaissance de cause, sciemment, consciemment ; d'un air entendu.*
9. **to stand on her own two feet** : *se tenir debout sur ses deux jambes.*

"If she's in denial as you suggest, Scott darlin'," Ava said, "why don't we simply do somethin' to make her fantasy[1] world real?"

"What would that be?" Leslie Gilbert asked. She didn't like Ava, whom she saw as being after[2] every woman's husband, and she generally avoided speaking to her. But the circumstances were dire[3] enough that she was willing to[4] put her aversion aside and listen to anything that promised to solve the problem quickly. She had, after all, just that morning tried to start her car only to find that wires in the engine had been chewed up by vermin.

"Let's get rid of the creatures for her," Ava said. "Two or three or twenty. Let's just get rid of them."

Billy Hart gulped down[5] what was the last of his ninth beer of the evening and pointed out that no exterminator would take on the job, even if the neighbors paid to have it done[6], not without Anfisa Telyegin's cooperation. Owen concurred[7] as did[8] Scott and Beau. Didn't Ava remember what the agent from Home Safety Exterminators had told Leslie and Willow?

"Course[9] I remember," Ava said. "But what I'm suggestin' is that we take on the work[10] ourselves."

---

1. **fantasy** : *imagination, imaginaire* ; *fantaisie.*
2. **be (to) after someone...** : *être/courir après quelqu'un, en avoir à après qqun.*
3. **dire** : *affreux, terrible, sinistre, extrême* ; **dire poverty**, *misère noire* ; **to be in dire straights**, *être aux abois.*
4. **to be willing to** : *vouloir bien, être d'accord pour, être désireux de.*
5. **to gulp (down)** : *avaler d'un trait, goulûment.*
6. **to have it done** : *le faire faire* ; on peut avoir aussi **to get it done**.

— Si elle refuse la réalité, comme tu le dis, Scott mon chou, pourquoi ne ferions-nous pas quelque chose qui transforme son monde imaginaire en monde réel ? »

— Et tu verrais quoi ? » demanda Leslie Gilbert. Elle n'aimait pas Ava, en qui elle voyait une mangeuse de maris et elle évitait habituellement de lui adresser la parole. Mais les circonstances étaient suffisamment horribles pour qu'elle consente à mettre son aversion de côté et écoute toute promesse de solution rapide au problème. Et justement ce matin même, en plus de tout, elle avait essayé de démarrer sa voiture avant de découvrir que cette vermine en avait rongé le câblage électrique.

— Supprimons les créatures à sa place », dit Ava, « Deux, trois, ou vingt. Supprimons-les, tout bonnement. »

Billy Hart engloutit ce qui restait de la dernière de ses neuf bières de la soirée, et fit remarquer qu'aucune entreprise de dératisation n'accepterait de faire le boulot, même s'il était financé par les voisins, du moins pas sans la coopération d'Anfisa Telyeguine. Owen l'approuva, de même que Scott et Beau. Avait-elle oublié ce qu'avait déclaré le spécialiste de la dératisation à Leslie et Willow ?

— Sûr que je me rappelle, » répliqua Ava. « Mais ce que je suggère, moi, c'est qu'on fasse le boulot nous-mêmes. »

---

7. **to concur** : *être/se mettre d'accord, s'entendre* ; *coïncider, arriver simultanément.* Noter le redoublement du « **r** » final en raison de l'accent tonique sur la dernière syllabe.

8. **as did ...** : *comme (le) firent/furent...*

9. **course** : **of** est sous-entendu ; raccourci fréquent en langue parlée.

10. **we take on the work** : *nous nous chargeons du travail.*

"It's her property," Scott said.

"She might call in the cops[1] and have us arrested if we go settin' traps all around her yard, honey," Beau Downey added.

"Then we'll have to do it when she's not home."

"But she'll see the traps," Willow said. "she'll see the dead rats in them. She'll know—"

"You're misunderstandin' me[2], darlin'," Ava purred. "I'm not suggestin' we use traps at all."

Everyone living near 1420 knew everyone else's habits: what time Billy Hart staggered out for the morning paper, for example, or how long Beau Downey revved up[3] the motor of his SUV[4] before he finally blasted off for work each day. This was part of being on friendly terms with one another[5]. So no one felt compelled to remark upon the fact that Willow McKenna could say to the minute exactly when Anfisa Telyegin went to work at the community college each evening and when she returned home.

The plan was simple: after Owen Gilbert obtained the appropriate footwear for them all—no man wanted to traipse[6] through what might be rat-infested ivy in his loafers[7]—they would make their move.

---

1. **cops** : *flic* : langage familier plutôt qu'argotique (GB et US). Autre termes, plus argotiques : **bears, pigs**.
2. **misunderstandin' me** : omission du « **g** » final (langue parlée familière).
3. **rev (to) up** : (auto) *monter dans les tours, affoler le compte-tour*.
4. **SUV = Sport Utility Vehicle** : dénomination américaine des véhicules à quatre roues motrices surtout destinés au loisir, par

— Mais c'est sa propriété, » fit Scott.

— Elle pourrait faire appel aux flics et nous faire arrêter si on se met à poser des pièges tout autour de son jardin, chérie, » ajouta Beau.

— Nous le ferons donc en son absence. »

— Mais elle va voir les pièges, » dit Willow. « Elle y trouvera les rats morts. Elle saura... »

— Tu me m'as pas bien comprise, ma chérie, » ronronna Ava. « Je ne suggère absolument pas que nous posions des pièges. »

Tous ceux qui habitaient près du 1420 connaissaient les habitudes des uns et des autres : par exemple l'heure à laquelle Billy Hart sortait en chancelant récupérer son quotidien du matin ; ou combien de temps Beau Downey faisait rugir le moteur de son 4x4 chaque matin, avant de démarrer sur les chapeaux de roue pour se rendre à son bureau. C'était un des éléments de la convivialité entre voisins. Personne ne se crut donc obligé de faire des remarques lorsque Willow McKenna fut en mesure de dire à la minute près à quelle heure Anfisa Telyeguine partait travailler au collège universitaire de la communauté chaque soir, et à quelle heure elle en revenait.

Le plan était la simplicité même : ils se mettraient en action dès qu'Owen Gilbert se serait procuré les chaussures appropriées pour chacun d'eux, car aucun des hommes ne concevait de traîner ses savates au beau milieu d'un parterre de lierre qui risquait d'être infesté de rats.

---

opposition aux **four-wheelers** engins à quatre roues motrices classiques, plutôt destinés aux agriculteurs, travailleurs du bâtiment etc.

5. **with one another** : *les uns avec les autres* ; ≠ **with each other**, *l'un avec l'autre*.

6. **traipse** [tréïps]: mot à mot *traîner de ci, de là*, d'où *marcher d'un pas traînant, traînasser.*

7. **loafers** : *mocassins.*

Eight Routers[1]—as they called themselves—would form a shoulder-to-shoulder line and move slowly through the ivy covered front yard in heavy rubber boots. This line would drive the rats toward the house where the Terminators[2] would be waiting for them as they emerged from the ivy on the run[3] from the rubber boots. And the Terminators would be armed with bats[4], with shovels, and with anything else that would eliminate the nasty creatures. "It seems to me it's the only way," Ava Downey pointed out. Because while no one truly wanted Anfisa Telyegin to have to find her property littered[5] with rats killed by traps, so also did no one want to find rats in their own yard[6] where the creatures might manage to stagger before succumbing to a crawl-off-and-die-somewhere-else poison, if that's the route the neighbors chose.

So hand-to-rodent combat appeared to be the only answer. And as Ava Downey put it in her inimitable fashion: "I don't expect you fine big strong men mind gettin' a little blood on your hands ... not in a cause good as this."

What were they to say to such a challenge to their masculinity? A few feet shuffled[7] and someone murmured, "I don't know about this," but Ava countered with, "I just don't see any other way to do it. Course I'm willin' to listen to any other suggestions."

---

1. **routers** : *celui qui trace l'itinéraire*, *routeur* (yachting, courses à la voile).
2. **terminators** : *celui qui termine quelque chose* (**to terminate**).
3. **(to be) on the run** : *(être) en fuite, être recherché* (par la police…)
4. **bat** : *batte* ; sorte de bâton à manche avec une face plate élargie, utilisée au **cricket** et au **base-ball** pour envoyer la balle (**ball**) le plus loin possible hors d'atteinte de l'équipe adverse.

Huit « routeurs », comme ils s'intitulaient eux-mêmes, chaussés de bottes de caoutchouc épais, avanceraient lentement sur une ligne, épaule contre épaule, à travers le jardin de devant recouvert de lierre. Ce front rabattrait les rats quand ils fuiraient devant les bottes de caoutchouc vers la maison où les « exterminateurs » les attendraient à leur sortie du lierre. Et les exterminateurs seraient armés de battes de base-ball, de pelles et de tout ce qui permettrait d'éliminer les sales bêtes. « Il me semble que c'est le seul moyen, » souligna Ava Downey. Car si personne ne voulait vraiment qu'Anfisa Telyeguine découvre sa propriété jonchée de rats morts dans des pièges, pour autant personne ne souhaitait retrouver des rats dans son propre jardin où les créatures auraient réussi à arriver en chancelant avant de succomber à un poison destiné à les renvoyer crever ailleurs en rampant, si telle devait être la voie retenue par les voisins.

Le combat d'homme à rongeur apparut donc être la seule réponse valable. Et ainsi qu'Ava Downey le dit de son ton inimitable : « Je suppose que des chouettes grands costauds comme vous n'ont pas peur de se mettre un peu de sang sur les mains... surtout pour une cause aussi juste ? »

Que pouvaient-ils répondre à un tel défi lancé à leur virilité ? Il y eut quelques raclements de pieds et quelqu'un murmura : « Je ne sais pas trop, » à quoi Ava rétorqua « Je ne vois tout simplement aucune autre manière de faire. Mais, bien entendu, je suis prête à écouter toute autre suggestion. »

---

5. **to litter** : *laisser des détritus* ; **litter-bin** (GB), **litter-bag** (US) : *poubelle* (privée ou publique).
6. **no one... their own yard** : notez le pronom pluriel **their** qui se rapporte à **one**, singulier ; autre exemple un peu plus bas dans le texte : **no one... their offspring**. En langue classique, on aurait le possessif impersonnel **one's**.
7. **to shuffle** : *traîner les pieds* ; *remuer, agiter* ; *battre* (les cartes), *brasser, mélanger*.

There were no others. So a date was chosen. And everyone set about[1] preparing himself.

Three nights later, all the children gathered at the Harts' house to keep them out of the way and out of sight[2] of what was going to happen at 1420. No one wanted their offspring[3] to hear or see the destruction that was planned. Children are sensitive[4] to this sort of thing, the wives informed their husbands after a morning-coffee agreement to stand as one[5]. The less they knew about what their daddies were up to, the better[6] for them all, the women said. No bad memories and[7] no bad dreams.

The men among them who didn't like blood, violence[8], or death bolstered[9] themselves with two thoughts. First, they considered their children's health and safety. Second, they dwelt upon[10] the Higher Good[11]. One or two of them reminded himself[12] that a yard of rats wouldn't go over well with the *Wingate Courier*, nor would it get[13] Napier Lane very far toward achieving Perfect Place to Live status. Others just kept telling themselves that it was only two rats they were talking about. Two rats and nearly ten times[14] that in men ... ? Well, those were odds[15] that anyone could live with.

---

1. **to set about** : *se mettre à, s'y prendre ; attaquer, s'en prendre à.*
2. **out of the way, out of sight** : *hors du passage, hors de la vue.*
3. **offspring** : (pl. invar.) *enfants, descendants, progéniture ;* (animaux) *petits ; fruit, produit.*
4. **sensitive** : *sensible, impressionnable ;* ne pas confondre avec **sensible** : *raisonnable, sensé, doué de bon sens, intelligent.*
5. **to stand as one** : mot à mot *se dresser comme un (seul) ; présenter un front uni, ne faire qu'un.*
6. **the less... the better/more...** : ce comparatif double équivaut à la formule *plus...plus* (ou *moins,* selon le cas).
7. **and** : cette conjonction de coordination peut avoir un sens très fort, comme ici : *par conséquent, donc.*
8. **violence** ['vaɪələns].

Il n'y en eut pas. On se mit donc d'accord sur une date. Et chacun se mit en devoir de se préparer.

Trois soirées plus tard, tous les enfants furent rassemblés chez les Hart, en sorte qu'on ne les aie pas dans les jambes et qu'ils soient à l'écart de ce qui allait se passer au 1420. Personne ne voulait que sa progéniture entende ou voie le carnage qui était organisé. Les enfants sont très sensibles à ce genre de choses, rappelèrent les épouses aux maris après qu'un accord pour rester unis et solidaires eut été adopté le matin par tous autour d'un café. Moins ils en sauraient sur ce dans quoi leurs papas allaient s'engager, mieux ce serait pour eux tous, affirmèrent les épouses. Point de mauvais souvenirs, donc point de cauchemars.

Ceux des hommes qui détestaient le sang, la violence ou la mort se remontèrent le moral en pensant à deux choses. Ils prenaient d'abord en considération la santé et la sécurité de leurs enfants. Ensuite, ils mettaient en avant à la notion de Bien Suprême. Un ou deux se dirent qu'un jardin envahi par les rats ne serait pas bien vu par le *Wingate Courier*, pas plus qu'il ne mènerait Napier Lane très loin dans sa quête du statut de « Résidence Idéale ». D'autres se répétaient qu'il n'était question que de deux rats. Deux rats et quasiment dix fois plus d'hommes ... ? Bon, c'était un rapport de force que n'importe qui peut accepter.

---

9. **to bolster** : *encourager, soutenir, appuyer.*

10. 1. **to dwell (dwelt, dwelt)** (**[up]on**) : *s'appuyer sur, insister sur.*

11. **higher good** : *bien suprême* (mot à mot *bien plus haut/ élevé*).

12. **one or two... himself** : notez le pronom réfléchi singulier (même remarque que note 6, p. 90).

13. **nor would it get**... : **nor** correspond à **or** en contexte négatif.

14. **ten times that** : on trouve aussi une forme plus classique : **ten times as many**...

15. **odds** : *probabilités, chances de réussite.*

Thirty minutes after Anfisa Telyegin left 1420 and headed for the bus stop and the ride to the community college and her Russian literature class[1], the men made their move in the darkness. And much was the relief of the faint-at-heart[2] when the Routers managed to drive only four rats into the waiting line of Terminators. Beau Downey was among this latter group[3] and he was happy to dispatch[4] all four rats himself, yelling, "Gimme[5] some light over here! Scare the hell out of 'em[6]!" as he chased down one rodent after another. Indeed, later it would be said that he took a little *too* much pleasure in the process. He wore his blood-spattered jump-suit[7] with the distinction of a man who's never fought in a real battle. He talked about "nailin' the little bastards[8]" and gave a war whoop[9] as his bat made contact with rat number four.

Because of this, he was the one who pointed out that the backyard had to be dealt with, too. So the same process was gone though[10] there, with the net result being five more furry corpses, five more bodies in the garbage bag.

"Nine rats, not so bad after all," Owen Gilbert said with the relief of someone who'd made sure up front he was among the Routers and consequently forever free of the blood of the innocent.

---

1. **literature class** : *cours de littérature* (notez le « t » unique en anglais) ; **class**, *cours, classe* (de dessin, de langues...). *Une (salle de) classe* : **a class(-)room**.

2. **the faint-at-heart** : *ceux au cœur faible.*

3. **this latter group** : *ce dernier groupe* ; **latter** renvoie au plus proche, **former** au plus éloigné : **the former group**, *le groupe d'avant/précédent, le premier groupe.*

4. **to dispatch** (aussi **to despatch**) : *expédier, envoyer, dépêcher.*

5. **gimme** : prononciation populaire ou vulgaire de **give me.**

Trente minutes après le départ d'Anfisa Telyeguine du n° 1420 pour se rendre à l'arrêt du bus et de là au collège universitaire et à son cours de littérature russe, les hommes firent mouvement dans le noir. Et grand fut le soulagement des moins hardis quand les Routeurs ne rabattirent pas plus de quatre rats sur le front des Exterminateurs. Beau Downey faisait partie de ces derniers, et il se fit une joie d'éliminer les quatre rats à lui tout seul, en hurlant « Faites-moi de la lumière ! Foutons-leur la trouille de leur vie ! » tout en pourchassant un rongeur après l'autre. Et plus tard il se dirait en effet qu'il prit un petit peu *trop* de plaisir à l'affaire. Il arborait sa combinaison maculée de sang avec la distinction d'un homme qui n'avait jamais combattu dans une véritable bataille.. Il parlait « de niquer les petits salauds » et poussa un cri de guerre quand sa batte percuta le quatrième rat.

C'est la raison pour laquelle c'est lui qui fit remarquer qu'il fallait aussi traiter le jardin de derrière. On y procéda donc de la même manière, avec cinq nouveaux cadavres recouverts de fourrure comme résultat net, cinq corps supplémentaires dans le sac-poubelle.

— Pas si mal, neuf rats, finalement, » déclara Owen Gilbert avec le soulagement de quelqu'un qui s'était assuré à la régulière dès le départ qu'il serait parmi les Routeurs et par conséquent à tout jamais sans la moindre tache du sang de l'innocent.

---

6. **scare the hell out of 'em** : mot à mot *effrayer l'enfer hors d'eux* ; toujours le même discours populaire ou vulgaire avec la non prononciation du « **th** ». L'emploi du mot « **hell** », mot très cru, voire ordurier en anglais, correspond à un *blasphème*, **blasphemy**, comme chaque fois qu'il y a utilisation de termes ou de concepts religieux dans un contexte ordinaire.

7. **jumpsuit** : *combinaison* de travail, de saut (parachutisme).

8. **nailin' the little bastards** : *clouer les petits salauds*.

9. **war whoop** : cri de guerre des Indiens.

10. **same process was gone through** : *le même processus fut mis en œuvre*.

"That don't seem right to me[1]," Billy Hart pointed out. "Not with the droppings all over the McKennas' yard and not with Leslie's engine wires getting chomped. I don't think we got them all. Who's for crawling under the house? I got[2] a smoke bomb or three we could use to scare 'em out."

So a smoke bomb was set off and three more rats met the fate of their fellows. But a fourth got away from the best of Beau's efforts and made a dash for Anfisa's chicken coop.

Someone shouted, "Get him!" but no one was fast enough. He slithered[3] beneath the shelter and disappeared from view.

What was odd was that the chickens didn't notice a rat in their midst[4]. From inside the coop came not a single rustling wing or protesting squawk[5]. It was as if the chickens had been drugged or, more ominously[6] ... eaten by rats.

Clearly, someone was going to have to see if the latter was the case. But no one leapt to the opportunity. The men advanced on the chicken coop, leery[7], and those with flashlights found that they could barely hold them steady[8] upon the little structure.

"Grab that door and swing it open[9], Owen," one of the men said. "Let's get that last mother[10] and get out of here."

---

1. **that don't seem right** : notez **don't** au lieu de **doesn't**, forme fautive parlée.
2. **I got ...**: pour **I've got**.
3. **to slither** : *ramper, onduler, glisser.*
4. **in their midst** : *en leur sein, au milieu d'eux.*
5. **squawk** : (animaux) *cri, criaillement, braillement.*
6. **ominously** : *de façon inquiétante* ou *menaçante.*

— Ça ne me paraît pas correct, » signala Bill Hart « pas avec les crottes qu'il y avait partout dans le jardin des McKenna, ni le câblage complètement bouffé du moteur de Leslie. Je ne crois pas qu'on les a tout eus. Qui est d'accord pour ramper sous la maison ? J'ai deux-trois fumigènes qu'on pourrait utiliser pour leur flanquer la trouille et les faire sortir. »

On tira donc une grenade fumigène et trois rats de plus connurent le même sort que leurs congénères. Mais un quatrième échappa aux meilleurs efforts de Beau et bondit vers le poulailler d'Anfisa.

Quelqu'un hurla « Choppez-le ! » mais personne ne fut assez rapide. L'animal se faufila sous l'abri et disparut aux regards.

Ce qui était étrange, c'est que les volailles ne remarquèrent pas qu'il y avait un rat parmi elles. De l'intérieur du poulailler ne parvint pas un seul bruissement d'aile ni le moindre caquet de protestation. On aurait dit que les poules avaient été droguées ou, bien pire... dévorées par les rats.

Il était clair que quelqu'un devrait aller voir s'il s'agissait de ce dernier cas. Mais personne ne sauta sur l'occasion. Les hommes, méfiants, avancèrent vers le poulailler, et ceux qui avaient des lampes torches s'aperçurent qu'ils avaient du mal à les braquer sans trembler sur la petite construction.

— Attrape cette porte et ouvre la toute grande, Owen » fit l'un des hommes. « Qu'on bute ce dernier salopard et qu'on se tire. »

---

7. **leery** : *méfiant, précautionneux.*
8. **steady** : *régulier, progressif* ; *stable, ferme, solide.*
9. **swing it open** : mot à mot *balance là ouverte.*
10. **that last mother** : la formule très grossière d'origine (« **mother-fucker** », *enculé, fils de pute, enfant de salope...*) est ici (légèrement) atténuée par l'élision du second terme...

Owen hesitated, unanxious[1] to be confronted by several dozen mutilated chicken corpses. And chicken corpses certainly seemed very likely, since even with the approach of the men, no sound came from within the coop.

Beau Downey said, "Hell," in disgust when Owen didn't move. He lurched past[2] him and yanked open[3] the door himself and threw a smoke bomb inside.

And that's when it happened.

Rats poured through the opening. Rats by the dozen[4]. Rats by the hundred. Small rats. Large rats. Obviously well-fed rats. They flooded[5] from the chicken coop like boiling oil from a battlement[6] and began to shoot off[7] in every direction.

The men flailed[8] clubs and bats and shovels at them, every which way[9]. Bones crunched. Rats squealed[10] and screamed. Blood spurted in the air. Flashlights captured the carnage in pools[11] of bright illumination. The men didn't speak. They merely grunted as one after another the rats were chased down. It was like a primitive battle for territory, engaged by two primordial species only one of which[12] was going to survive.

By the end, Anfisa Telyegin's yard was littered with the blood, bones, and bodies of the enemy.

---

1. **unanxious** : le préfixe **un-** permet de former l'antonyme d'un adjectif ; **anxious** : *avide de, vivement désireux de.*
2. **to lurch**: *tituber, faire une embardée* ; ~ **past** : *contourner en faisant une embardée.*
3. **and yanked open** : *et oouvritr en tirant d'un coup sec.*
4. **by the dozen** : le système duodécimal traditionnel en Angleterre privilégie la *douzaine*, alors que le système décimal préfère la *dizaine.*
5. **to flood**: *déborder, être en crue* ; *noyer, couler en force.*
6. **battlements** : *créneau* ; (pl.) *mur d'enceinte d'un château fort.*

Owen hésita, peu pressé de se retrouver devant plusieurs dizaines de cadavres de poulets mutilés. Et la découverte de cadavres de poulets semblait de plus en plus vraisemblable, puisque malgré l'approche des hommes, aucun son ne provenait du poulailler.

— Et merde » fit Beau dégoûté par l'absence de réaction d'Owen. Il le contourna tant bien que mal et ouvrit lui-même la porte violemment pour jeter une grenade fumigène à l'intérieur.

C'est alors que cela se produisit.

Les rats déferlèrent par l'ouverture. Des rats par dizaines. Des rats par centaines. Des rats de petite taille. Des rats énormes. Des rats bien nourris, selon toute apparence. Ils se déversèrent du poulailler comme de l'huile bouillante d'un créneau de forteresse et entreprirent de s'enfuir à toute allure dans tous les sens. Les hommes frappèrent de ci de là dans le tas à grands coups de bâton, de batte, de pelle. Des os furent broyés. Les rats poussèrent des hurlements et des cris perçants. Le sang jaillissait dans les airs. Les torches saisissaient le carnage en vignettes de lumière crue. Les hommes ne parlaient pas. Ils se contentaient de grogner à mesure que les rats étaient mis en déroute l'un après l'autre. On aurait dit une bataille primitive pour la conquête d'un territoire, dans laquelle se seraient engagées deux espèces primordiales, dont une seule allait survivre.

Vers la fin, le jardin d'Anfisa Telyeguine se trouvait couvert de sang, d'os et de cadavres d'ennemis.

---

7. **to shoot off** : *partir comme une balle* (de pistolet) ; **to shoot** (**shot, shot**) : *tirer un coup de feu.*
8. **flail (to)** : *battre au fléau* ; *agiter violemment.*
9. **every which way** : **every** renforce l'idée d'une multitude de directions.
10. **to squeal** : *crier, hurler* (de douleur), *pousser des cris perçants* ; *couiner* ; *crisser* (pneus) ; *hurler* (de rire) ; (argot) : *balancer, donner* qqun.
11. **pool** : *flaque* (d'eau, de lumière) ; *étang, mare, bassin.*
12. **only one of which** : *dont seulement une.*

Any rats that escaped had done so to either the McKennas' or the Gilberts' yard[1], and they would be dealt with there by professionals. As to the land that those few remaining rats had left behind in their flight ... It was like the scene of any other disaster: not a place that can be cleaned up quickly and certainly not a place that would soon be forgotten.

But the men had promised their wives that the job would be done without signs left behind, so they did their best to scrape up[2] broken furry bodies and wash[3] the ivy and the outside of the chicken coop free of blood. They discovered in doing this that there had never been chickens in the coop in the first place[4] and what this implied about Anfisa Telyegin's daily delivery of corn to the coop ... Indeed what this implied about Anfisa Telyegin herself ...

It was Billy Hart who said, "She's nuts[5]," and Beau Downey who suggested, "We gotta get her out[6] of the goddamm[7] neighborhood." But before either of these comments could be mooted[8] in any way, the decrepit front gate of 1420 opened and Anfisa herself stepped into[9] the yard.

The plan hadn't been thought out[10] enough to allow for[11] midterm exams[12] that ended class earlier than usual that night.

---

1. **the McKennas' yard or the Gilberts'** : notez que les noms propres 1) prennent le « s » du pluriel en anglais, contrairement au français ; 2) par conséquent, le cas possessif du pluriel s'applique avec l'apostrophe après le nom pluriel.
2. **to scrape up** : *gratter tant bien que mal.*
3. **wash free ... of blood** : mot à mot *laver libre du sang.*
4. **in the first place** : *en premier lieu, au commencement.*
5. **she's nuts** : *elle est dingue, givrée, cinglée, maboule* ; *elle délire.*
6. **we gotta get her out** : comme plus haut **gimme**, il s'agit d'une formule familière de la langue parlée pour **we've got to...** ; on trouve également **we gonna go** pour **we're going to go**, *nous allons partir, aller...*

Tout rat qui s'échappait le faisait vers le jardin des McKenna ou celui des Gilbert, où ils seraient pris en charge par ldes professionnels. Quant au territoire que ces quelques rats échappés laissaient derrière eux, après leur fuite... on se serait cru sur le théâtre de n'importe quelle autre catastrophe : un endroit qu'en aucun cas on peut nettoyer rapidement et sûrement pas un lieu qui serait oublié de si tôt.

Mais les maris avaient promis à leurs épouses que l'affaire se terminerait sans qu'ils laissent aucune trace derrière eux. Ils firent donc de leur mieux pour ratisser les corps brisés recouverts de fourrure et pour laver le lierre et l'extérieur du poulailler de tout le sang. Ce faisant, ils découvrirent que, depuis le début, il n'y avait jamais eu de volailles dans le poulailler et, par là même, ce que cela impliquait quant aux livraisons quotidiennes de grains au dit poulailler par Anfisa Telyeguine... et à vrai dire ce que cela impliquait sur Anfisa Telyeguine elle-même.

C'est Billy Hart qui décréta « Elle est cinglée » et Beau Downey qui compléta « Faudra qu'on la vire de ce foutu quartier. » Mais avant que l'un ou l'autre de ces commentaires puisse être discuté de quelque manière que ce soit, la barrière décrépite du 1420 s'ouvrit et Anfisa Telyeguine fit son entrée dans le jardin.

Le plan n'avait pas été suffisamment affiné pour prendre en compte les examens partiels qui feraient que le cours se terminerait plus tôt ce soir-là.

---

7. **goddam** : juron très grossier (**God [be] damned**), *sacré, foutu, putain de, bougre de.*

8. **to moot** : *discuter, débattre.*

9. **to step in[to]** : *entrer* ; **~ out** : *sortir* ; **to step** : *avancer pas à pas, marcher, faire un pas.*

10. **to think** (**thought, thought**) **out** : *réfléchir, examiner soigneusement, envisager sous tous les angles, mûrir une décision.*

11. **to allow for** : *prendre en considération; tenir compte de, prévoir.*

12. **midterm exams** : *examens trimestriels, partiels , examens trimestriels* ; **mid** : *(au) milieu de, mi-.*

It also hadn't been thought out enough to consider[1] what a line of eight men tramping[2] through ivy was likely to do to that greenery. So Anfisa Telyegin took one look at the mess[3] in her yard—sufficiently lit[4] by the streetlight in front of her house—and she gave a horrified cry that could be heard all the way to the bus stop.

She cried out not so much because she loved her ivy and mourned[5] the exfoliation brought about[6] by eight pairs of boot-shod feet. Rather she cried out because she knew intuitively what that trodden-down[7] ivy meant.

"My God!" she keened[8]. "No! My God!"

There was no way out of her yard save through the front, so the men emerged one by one. They found Anfisa kneeling[9] in the midst of the trampled ivy, her arms clutched[10] across her body, swaying[11] side to side.

"No, no!" she cried, and she began to weep. "You do not understand what you have done!"

The men were not equipped to handle[12] this. Clubbing rats, yes. That was right up their alley[13]. But offering comfort to a stranger whose suffering made no sense to them[14] ...? That was quite another matter.

---

1. **to consider** : *envisager, prendre en compte, en considération.*
2. **to tramp** : *marcher lourdement, piétiner ; aller à pied, cheminer ;* **tramp** : *clochard, vagabond, chemineau.*
3. **mess** : *désordre, fouillis ; gâchis, saleté.*
4. **lit** participe passé du verbe **to light**, **lit**, **lit** (également régulier), *allumer, éclairer.*
5. **to mourn** : *pleurer* (la perte d'un être cher), *déplorer, se lamenter.*
6. **to bring** (**brought**, **brought**) **about** : *amener, provoquer, entraîner* (conséquence).
7. **trodden-down** de **to tread**, **trod**, **trodden**, *fouler* (aux pieds), *écraser ; marcher sur, piétiner.* :

Il n'avait pas non plus pris en compte les dégâts qu'un front de huit hommes piétinant du lierre était susceptible de causer à la verdure. Anfisa Telyeguine jeta donc un seul regard aux ravages de son jardin, assez éclairé par le réverbère devant chez elle, et poussa un cri horrifié qu'on entendit jusqu'à l'arrêt du bus.

Elle hurla non pas tant parce qu'elle adorait son lierre et se lamentait de son exfoliation provoquée par le piétinement de huit paires de pieds chaussés de bottes, mais plutôt parce qu'intuitivement, elle savait bien ce que ce lierre piétiné signifiait.

— Ah mon dieu ! Non ! Mon dieu ! » se lamenta-t-elle.

Il n'y avait pas d'autre issue à son jardin que celle de devant, aussi les hommes se présentèrent-ils un par un. Ils découvrirent Anfisa agenouillée au milieu du lierre piétiné, les bras croisés enlacés autour d'elle, oscillant d'un côté puis de l'autre.

— Non, non, » cria-t-elle en se mettant à pleurer. « Vous n'avez pas idée de ce que vous avez fait ! »

Les hommes n'étaient pas préparés à faire face à ce genre de situation. Bâtonner des rats, d'accord ; c'était tout à fait dans leurs cordes. Mais réconforter une inconnue dont la douleur ne signifiait rien pour eux... ? C'était une tout autre affaire.

---

8. **to keen** : *se lamenter, gémir, pleurer un mort.*

9. **to kneel, knelt, knelt**, *être/se mettre à genoux, s'agenouiller.*

10. **to clutch** : *empoigner, étreindre, saisir, (s')agripper.*

11. **to sway** : *se balancer, osciller ; pencher, rouler* (bateau) ; *chanceler, tituber, vaciller.*

12. **to handle** : *manier, manipuler ; traiter* (situation), *conduire, mener* (négociation).

13. **right up their alley** : *mot à mot droit/en plein dans leur allée/chemin.*

14. **it makes no sense to me** : *pour moi ça ne veut rien dire ; pour moi, ça n'a pas de sens.*

Good God, they'd done the mad woman a favor, hadn't they? Jesus. So they'd mutilated a little bit of ivy in the process. Ivy grew like weeds[1], especially in this yard. It would all be back to normal in a month.

"Get Willow," Scott McKenna said as "I'll get Leslie," Owen Gilbert muttered. And the rest of them dispersed as quickly as they could, with the furtive air of little boys who've had perhaps too much fun doing something for which they will soon be punished.

Willow and Leslie came on the run from Rose Hart's house. They found Anfisa weeping and swaying, beating her fists against her breasts[2].

"Can you get her inside?" Scott McKenna asked his wife.

Owen Gilbert said to Leslie, "Jeez[3], make her see it's just ivy, Les. It'll grow back. And it had to be done[4]."

Willow, for whom empathy was actually something of a curse[5], was herself fighting back an onslaught[6] of emotion in the presence of the Russian woman's anguish[7]. She hadn't expected to feel *anything* other than relief upon the disposal[8] of the rats, so the guilt and the sorrow she was experiencing[9] confused her mightily.

---

1. **weeds** : *mauvaises herbes* ; (drogues, fam.) *herbes, tabac.*
2. **her breasts** : *ses seins, sa poitrine, son buste.*
3. **Jeez** [dʒiːz]: abréviation supposée atténuer l'emploi du nom de **Jesus.**
4. **it had to be done** : mot à mot cela devait être fait.
5. **something of a curse** : *quelque chose comme une malédiction.*
6. **onslaught** : *assaut, attaque.*

Juste ciel ! Ils venaient de rendre un sacré service à cette folle, non ? Doux Jésus ! Bon, d'accord, ils avaient massacré un peu de lierre au cours de l'opération. Mais le lierre, ça pousse comme du chiendent, surtout dans ce jardin. Il serait redevenu normal dans moins d'un mois.

— Faites venir Willow, » dit Scott en même temps qu'Owen murmurait « Je vais chercher Leslie. » Et les autres se dispersèrent aussi vite qu'ils purent, avec cet air furtif qu'ont les jeunes garçons qui se seraient trop amusés à quelque chose qui leur vaudrait bientôt d'être punis.

Willow et Leslie arrivèrent en toute hâte de chez Rose Hart. Elles trouvèrent Anfisa en pleurs, se balançant et se frappant la poitrine des deux poings.

— Peux-tu la faire rentrer ? » demanda Scott à sa femme.

Owen Gilbert dit à Leslie « Bon dieu, Les, fais lui comprendre que c'est juste du lierre... que ça va repousser. Et dis lui qu'il fallait bien qu'on le fasse. »

Willow, chez qui l'empathie était une véritable malédiction, dut elle-même lutter contre la vague d'émotion qui l'envahit devant le désespoir de la Russe. Elle n'avait pas imaginé ressentir autre chose que du soulagement à l'élimination des rats, aussi les sentiments de culpabilité et de chagrin qu'elle éprouvait la troublaient puissamment.

---

7. **anguish** [ˈæŋgwɪʃ] : *grande douleur/souffrance morale, angoisse.*
8. **disposal** : *disposition ; mise au rebut, en décharge, évacuation, enlèvement.*
9. **to experience** [ɪksˈpɪərɪəns] : *éprouver, connaître ; faire l'expérience de.*

She cleared her throat and said to Leslie, "Will you …?" and bent[1] to take Anfisa's arm. "Miss Telyegin," she said, "it's all right. Really. It'll be all right. Will you come inside please? May we make you some tea?"

With Leslie helping, she got the sobbing[2] woman to her feet and as the rest of the neighborhood wives began to gather on Rose Hart's front lawn, Willow and Leslie mounted[3] the front steps of 1420 and helped Anfisa open the door.

Scott followed. After what he'd seen in the chicken coop, he wasn't about to[4] let his wife walk into that house without him. God only knew what they would find inside. But his imagination had fed him inaccurate[5] images. For inside Anfisa Telyegin's house, there was not a sign of anything as much as a hair[6] being out of place[7]. He saw this, felt ashamed of what he'd been anticipating, and excused himself, leaving Leslie and Willow to comfort Anfisa where and how they could.

Leslie put water on to boil. Willow looked for cups and tea. And Anfisa sat at the kitchen table, shoulders shaking as she sobbed, "Forgive. Please forgive."

"Oh, Miss Telyegin," Willow murmured. "These things happen sometimes. There's nothing to forgive."

"You trusted me," Anfisa wept. "I am so sorry for what I have done. I shall sell. I shall move. I shall find[8]—"

---

1. **to bend, bent, bent** : *(se) courber, pencher, faire ployer* ; *tordre ; faire un coude.*
2. **to sob** : *sangloter* ; **to sob out** : *raconter en sanglotant* ; **to sob one's heart out** : *pleurer à gros sanglots.*
3. **to mount** : *monter, escalader, gravir* ; *enfourcher* (cycles), *monter* (à cheval) ; *monter* (photo) ; *grandir, augmenter, s'accroître* (pression, contestation).

Elle s'éclaircit la gorge pour dire à Leslie « Tu veux bien... ? » puis se pencha pour prendre le bras d'Anfisa et lui dit « Mademoiselle Telyeguine, tout va bien, vraiment. Tout va s'arranger. Vous ne voulez pas venir à l'intérieur, s'il vous plaît ? Est-ce qu'on peut vous faire du thé ? »

Avec l'aide de Leslie, elle releva la femme en sanglots et, tandis que les autres femmes du voisinage se rassemblaient sur la pelouse de devant des Hart, Willow et Leslie gravirent les marches du 1420 et aidèrent Anfisa à ouvrir la porte.

Scott les suivit. Après ce qu'il avait vu dans le poulailler, il n'était pas près de laisser sa femme pénétrer sans lui dans cette maison. Dieu seul savait ce qu'ils trouveraient à l'intérieur. Mais son imagination l'avait nourri d'images inexactes. Car dans la maison d'Anfisa Telyeguine, on ne trouvait rien, pas même un cheveu, qui ne fût à sa place. Il s'en aperçut, se sentit honteux de ce qu'il avait envisagé, et s'excusa, laissant à Leslie et Willow le soin de réconforter Anfisa de leur mieux.

Leslie mit de l'eau à bouillir. Willow chercha les tasses et le thé. Et Anfisa, s'assit à la table de la cuisine, les épaules secouées par les sanglots : « Je vous demande pardon ! Pardonnez-moi, je vous en prie. »

— Oh, mademoiselle Telyeguine, » murmura Willow. « Ces choses arrivent parfois. Il n'y a rien à pardonner. »

— Vous m'aviez fait confiance, » gémit Anfisa. « Je suis désolée de ce que j'ai fait. Je vais vendre. Je vais déménager. Je vais trouver... »

---

4. **to be about to** : *être sur le point de, près de, prêt à.*
5. **inaccurate** : *imprécis, inexact.*
6. **a hair** : un *cheveu, un poil* ; attention, *les cheveux = chevelure* : **hair** (toujours singulier), mais **hairs** = *les poils.*
7. **out of place** : *déplacé, mal rangé.*
8. **I shall sell/move/find** : cet emploi de l'auxiliaire marque une intention forte plutôt qu'un futur : *je dois, je vais…*

"There's no *need* for that," Willow said. "We don't want you to move[1]. We just want you to be safe[2] on your property. We all want to be safe."

"What I've done to you," Anfisa cried. "Not once, but twice[3]. You cannot forgive."

It was the *but twice* that caused Leslie Gilbert to realize uneasily that, hard as it was to[4] accept, the Russian woman and Willow McKenna were actually talking at cross-purposes[5]. She said, "Hey[6], Will ..." in a monitory tone just as Anfisa said, "My dearest little friends. All of you gone."

Which was when[7] Willow, feeling a chill[8] run over her, finally climbed aboard the locomotive of comprehension.

She looked at Leslie. "Does she mean ...?

"Yeah, Will. I think she does."

It was only when Anfisa Telyegin posted a for sale sign[9] in front of her house on Napier Lane two weeks later that Willow McKenna managed[10] to get the complete story from the immigrant woman. She'd gone to 1420 bearing a plate of Christmas cookies as a peace offering[11] and unlike the previous occasion of the drop-dead brownies, this time Anfisa opened the door. She beckoned Willow inside with a nod[12] of her head.

---

1. **we don't want you to move** : proposition infinitive classique (**to want** + sujet + verbe à l'infinitif) correspondant au français *vouloir* (*souhaiter*, *désirer*, etc.) + subjonctif.
2. **to be safe** : *être sain et sauf, en bonne santé, en sécurité.*
3. **once, twice** : *une fois, deux fois* ; à partir de trois : **three times** etc.
4. **hard as it was to** : *aussi difficile que c'était/ce fut de.*
5. **at cross-purposes** : *buts opposés, desseins contraires* ; **to be at ~** : *être en opposition de phase, connaître un malentendu.*
6. **Hey !** Interpellation correspondant à *Hé ! Dis ! Au fait !*

— Il n'est pas *question* de cela, » l'interrompit Willow. « Nous ne voulons pas que vous déménagiez. Nous souhaitons seulement que vous soyez en sécurité dans votre propriété. Nous voulons tous être en sécurité. »

— Ce que je vous ai fait, » s'écria Anfisa. « Pas seulement une, mais deux fois. Vous ne pouvez pas pardonner. »

C'est le « pas une, mais deux fois » qui fit comprendre à Leslie, avec un sentiment de malaise, et si difficile que ce fût à admettre, que le malentendu entre la Russe et Willow McKenna était total. « Dis donc, Will... » fit-elle sur un ton de mise en garde juste au moment où Anfisa déclara

— Mes très chers petits amis. Tous partis. »

C'est alors que Willow, sentit un frisson glacé la parcourir et grimpa enfin à bord du train de la compréhension.

Elle se tourna vers Leslie : « Est-ce qu'elle veut dire... ? »

« Eh oui, Will, c'est bien ce qu'elle veut dire. »

Ce n'est que lorsque Anfisa Telyeguine, deux semaines plus tard, accrocha un panneau de mise en vente devant sa maison de Napier Lane, que Willow McKenna réussit à obtenir l'intégralité de l'histoire de l'immigrée. Elle s'était rendue au 1420, munie d'une assiette de gâteaux de Noël en offrande propitiatoire et, à la différence de la fois précédente, celle des brownies-à-tomber-raide, cette fois-ci Anfisa lui ouvrit sa porte. Elle fit entrer Willow d'un mouvement de la tête.

---

7. **which was when...** : mot à mot *ce qui fut lorsque...*

8. **a chill** : *un coup de froid, un refroidissement, un frisson.*

9. **to post a sign** : *mettre un panneau d'annonce, coller une affiche.*

10. **to manage** : *se débrouiller, s'arranger pour* ; *réussir, parvenir à.*

11. **a peace offering** : mot à mot *une offrande de paix.*

12. **a nod** : *signe de tête d'acquiescement* ; *signe de/salut de la tête.*

She took her into the kitchen and made her tea. It seemed that the passage of two weeks had been sufficient to allow the older woman not only time to grieve[1] but also time to decide to bring Willow a partial step into her world.

"Twenty years," she said as they sat at the table. "I would not become[2] who they wanted me to be, and I would not be silent. So they sent me away. Lubyanka[3] first, do you know what that is? Run by KGB[4]? Yes? A dreadful place. And from there, Siberia[5]."

Willow said, "Prison?" in a whisper. "You've been in prison?"

"Prison would be nice. Concentration camp, this was. Oh I've heard your people laugh about this place Siberia. To them it is a joke: the salt mines in Siberia. I have heard this. But to be there. With no one. Year after year. To be forgotten because one's lover[6] was the important voice, the voice that counted, while until he died one was merely a helpmate[7], never taken seriously by anyone till the authorities took one seriously. It was a terrible[8] time."

---

1. **to grieve** : *peiner, chagriner* ; *éprouver du chagrin, pleurer des morts.*
2. **I would not become** : **would** marque ici un refus ; la forme positive marquerait un accord, la volonté de faire.
3. **Lubyanka** : tristement célèbre prison des environs du centre de Moscou, qui fut le siège du KGB (voir ci-après) et où furent interrogés et parfois détenus des prisonniers politiques en URSS. C'est aujourd'hui à la fois un musée et le QG de l'actuel service de sécurité russe.
4. **KGB** : Komitet Gossoudarstvennoï Bezopasnosti, *comité de sécurité de l'État*, sorte de police politique chargée, de 1954 à 1991, de l'espionnage et du contre-espionnage d'une part, mais aussi du contrôle des populations et des frontières en URSS.

Elle l'introduisit dans sa cuisine et lui fit du thé. Il semblait bien que le passage de ces deux semaines avait suffi à la vieille dame non seulement pour faire son deuil, mais aussi pour la décider à mettre Willow partiellement dans la confidence.

— Vingt ans, » dit-elle quand elles se mirent à table. « Je refusais de devenir ce qu'ils voulaient que je sois, et je refusais de me taire. Alors ils m'ont éloignée. D'abord à la Loubyanka, vous savez ce que c'est ? Tenue par le KGB ? Oui ? Un endroit horrible. Et puis de là en Sibérie. »

— La prison ? Vous avez été en prison ? » demanda Willow dans un souffle.

— La prison, ça aurait été bien. Un camp de concentration, en réalité. Oh, j'ai entendu des gens de votre pays rire de cet endroit, la Sibérie. Pour eux c'est une plaisanterie : les mines de sel de Sibérie. Je l'ai bel et bien entendu. Mais s'y retrouver soi-même. Sans personne. Année après année. On vous a oubliée, parce que votre amant était une voix importante, la voix qui comptait, tandis qu'avant qu'il meure, vous n'étiez que la compagne, celle que personne ne prenait jamais au sérieux jusqu'à ce que les autorités le fassent. Ce fut une époque épouvantable.

---

5. **Siberia** [saï'bierie].
6. **one's lover** : l'emploi du possessif impersonnel **one's**, au lieu de **my**, comme ensuite du pronom impersonnel de la 3ᵉ personne **one**, marque une forme de distance ou de détachement de la part d'Anfisa. En français **on** serait la traduction exacte, mais maladroite, faute de possessifs appropriés. *Vous* a donc été préféré et maintient une certaine distance.
7. **a helpmate** : *compagnon, compagne* ; *assistant, aide* ; *époux, épouse.*
8. **terrible** : *affreux, atroce, effroyable, qui inspire la terreur.* Attention à la traduction du français *terrible = formidable* : **wonderful, terrific, fantastic, smashing, incredible** (selon contexte).

"You were...?" What did they call it[1]? Willow tried to remember. "A dissident?"

"A voice they didn't like. Who would not[2] be still. Who taught[3] and wrote[4] until they came to fetch her. And then it was Lubyanka. And then it was Siberia. And there in that cell, the little ones came. I was afraid at first. The filth. The disease. I drove them off. But still they came. They came and they watched me. And then I saw. They wanted very little and they were afraid too. So I offered them bits[5]. Some bread. A sliver[6] of meat when I had it. And so they stayed and I wasn't alone."

"The rats..." Willow tried to keep the aversion from her voice. "They were your friends."

"To this day[7]," she replied.

"But, Miss Telyegin," Willow said, "you're an educated woman. You've read[8]. You've studied. You must know rats carry diseases."

"They were good to me."

"Yes. I see you believe that. But that was then, when you were in prison and desperate[9]. You don't need rats now. Let people take their place."

Anfisa Telyegin lowered her head. "Invasion and killing," she said. "Some things cannot be forgotten."

---

1. **what did they call it ?** Notez l'emploi de **what**, là où le français utilise *comment*.
2. **would not be still** : = **would** de refus. **To be still** : *être immobile, calme* ; *ne pas bouger*. Anfisa passe ici de sa voix à sa personne.
3. **to teach, taught, taught** : *enseigner.*
4. **to write, wrote, written** : *écrire.*
5. **bit** : (*petit*) *morceau, bout, plus petite partie d'un ensemble* (informatique) ; **a bit** + adj. *Un (petit) peu* ; **bits and pieces** : *petites affaires* ; **to come to bits** : *tomber en morceaux.*

— Vous étiez... ? » Comment disait-on ? Willow essaya de se rappeler : « une dissidente ? »

— Une voix qu'ils n'aimaient pas. Qui refusait de se taire. Qui enseignait et qui écrivait, jusqu'à ce qu'ils viennent la chercher. Alors ce fut la Loubyanka, puis la Sibérie. Et là, dans cette cellule, les petits commencèrent à venir. J'avais peur au début. La saleté... la maladie... je les ai chassés. Mais ils sont revenus. Mais ils continuaient d'arriver. Ils venaient et ils me regardaient. Et puis j'ai compris. Ils demandaient très peu, et ils avaient peur eux aussi. Alors je leur ai donné des petits morceaux. Un peu de pain. Un copeau de viande quand il y en avait. C'est ainsi qu'ils sont restés et que je n'ai plus été seule. »

— Les rats... » Willow s'efforçait de parler sans aversion. « ...c'étaient vos amis. »

— Jusqu'à ce jour, » répondit-elle.

— Mais, mademoiselle Telyeguine, » fit Willow, « vous êtes une femme instruite. Vous avez lu. Vous avez étudié. Vous ne pouvez pas ignorer que les rats transmettent des maladies. »

— Ils étaient gentils avec moi. »

— Oui. Je vois bien que c'est ce que vous croyez. Mais cela, c'était avant, quand vous étiez en prison, et désespérée. Aujourd'hui, vous n'avez plus besoin des rats. Laissez les gens prendre leur place. »

Anfisa Telyeguine baissa la tête. « L'invasion et le massacre. Certaines choses ne peuvent pas s'oublier. » dit-elle.

---

6. **sliver** : *éclat, copeau* (métal.), *lamelle*.
7. **to this day** : *(jusqu')à ce jour ; à l'heure qu'il est ; au jour d'aujourd'hui.*
8. **you've to read** [ri:d] *read*, **read** [rèd] : *lire* ; **to read law/ history**, *étudier le droit, l'histoire.*
9. **desperate** ['despərət] : *désespéré, prêt à tout, aux abois.*

"But they can be forgiven. And no one wants you to leave. We know ... I know you had to leave your home once before. In Port Terryton. I know about what happened there. The police, the lawsuits, the courts ... Miss Telyegin, you've got to see that if you move away and start over again and if you encourage rats to live on your property again ... Don't you see that you'll just be back where you started? No one's going to let you choose rats over people[1]."

"I will not do that again," Anfisa said. "But I cannot stay here. Not after what has happened."

"Just as well[2], darlin'," Ava Downey said over her gin and tonic. Eight months had passed since the Night of the Rats, and Anfisa Telyegin was gone from[3] their midst. The neighborhood had returned to normal and the new occupants of 1420—a family called Houston with an attorney[4] husband, a pediatrician wife, a Danish[5] au pair[6], and two well-scrubbed[7] children of eight and ten who wore uniforms[8] to their private school[9] and carried their books to and from the car in neat[10] satchels—were finally doing what the inhabitants had long desired.

---

1. **to choose rats over people** : *mot à mot choisir les rats aux dépens des gens.*
2. **just as well** : mot à mot *juste aussi bien.*
3. **was gone from** : *était partie de.*
4. **attorney** : (US) *avoué ; avocat, fondé de pouvoir* ; **power of attorney**, *procuration* ; (US) **Attorney General**, *ministre de la justice, Garde des Sceaux.*
5. **Danish** : *danois* (adj.), *Danois* (nom) ; **Dane** : *Danois* (habitant).

« — Mais elles peuvent être pardonnées. Et personne ne souhaite votre départ. Nous savons... je sais que vous avez dû quitter votre maison une fois déjà. À Port Terryton. Je sais ce qui s'est passé là-bas. La police, les procès, les tribunaux... Mademoiselle Telyeguine, vous devez bien voir que si vous déménagez encore et que vous recommencez à encourager les rats à vivre sur votre propriété... Ne comprenez-vous pas que vous vous retrouverez exactement à votre point de départ ? Personne ne vous laissera jamais préférer les rats aux êtres humains. »

« — Je ne le referai pas, » dit Anfisa. « Mais il m'est impossible de rester ici. Pas après ce qui s'est passé. »

« — C'est pas plus mal, mon chou, » assura Ava Downey par-dessus son gin tonic. Huit mois s'étaient écoulés depuis la Nuit des Rats, et Anfisa avait quitté leur environnement. Le voisinage avait retrouvé son état normal. Les nouveaux occupants du 1420 —une famille qui s'appelait Houston, mari avocat et femme pédiatre, une Danoise au pair et deux enfants bien proprets de huit et dix ans arborant l'uniforme d'une école privée où ils étaient conduits et d'où ils rentraient en voiture en portant leurs livres dans des cartables super— se mettaient finalement à faire ce que les gens du cru désiraient depuis si longtemps.

---

6. **au pair** : c'est ce même mot qui est utilisé en français (et d'autres langues) pour désigner une jeune fille (parfois un jeune homme) qu s'occupe des enfants d'un famille.
7. **well-scrubbed** : *bien récuré.*
8. **uniforms** [juːnɪfɔːmz].
9. **private schools** : l'enseignement privé et donc payant est très courant dans les zones urbaines des États-Unis.
10. **neat** : *bien rangé, bien entretenu ; soigné ; régulier ; astucieux.* (US, fam.) *chouette, épatant, super, génial.*

For weeks on end[1], painters wielded[2] their brushes, wallpaperers carried rolls into the house, wood finishers sanded[3] and stained[4], drapers created masterworks for the windows ... The chicken coop was carted off[5] and burnt, the ivy was removed, the picket fence was replaced, and a lawn and flowerbeds were planted in front of the house while an English garden was designed[6] for the back. And six months after that, Napier Lane was finally designated A Perfect Place to Live by the *Wingate Courier*, with 1420 the house that was chosen to symbolize the beauties of the neighborhood.

And there was no jealousy[7] over that fact, although the Downeys were rather cool when the rest of the neighbors offered the Houstons their congratulations on having 1420 selected by the newspaper as the model of domiciliary[8] perfection. After all, the Downeys had restored their own house first and Ava had from the beginning been so kind as to offer her expertise[9] in interior design to Madeline Houston ... No matter that Madeline had chosen to ignore virtually[10] all of those suggestions, common courtesy[11] demanded[12] that the Houstons decline the pictorial honor presented to them, passing it along[13] to the Downeys who were—if nothing else—mentors to everyone when it came to[14] restoration and interior decoration.

---

1. **weeks on end** : *des semaines à la suite.*
2. **to wield** : *brandir, manier.*
3. **to sand** : *poncer, abraser.*
4. **to stain** : *tacher ; teinter, teindre.* **Stained-glass** : *vitrail.*
5. **to cart off** : *charrier, charroyer, transporter en charrette ; trimballer ; ~ off : emmener, emporter.*
6. **to design** : *concevoir, créer ; dessiner, faire des plans.*
7. **jealousy** ['dʒeləsi] : *jalousie.*
8. **domiciliary** [dɒmɪ'sɪliəri] : *domiciliaire* (jur.), *qui se rapporte au domicile.*
9. **expertise** [ˌekspɜːˈtiːz] : *compétence professionnelle de haut niveau, expertise.*

Pendant des semaines et des semaines, des peintres manièrent le pinceau, des tapissiers apportèrent des rouleaux de papier peint dans la maison, des menuisiers poncèrent et teintèrent, des tapissiers créèrent des chefs-d'œuvre pour habiller les fenêtres... Le poulailler fut déménagé et brûlé, le lierre arraché, la palissade remplacée et une pelouse et des massifs de fleurs furent plantés devant la maison tandis qu'un jardin à l'anglaise était élaboré sur l'arrière. Et donc six mois plus tard, Napier Lane fut enfin proclamé « la Résidence Idéale » par le *Wingate Courier*, qui retint le n° 1420 comme emblématique des beautés du quartier.

Et nulle jalousie n'en résulta, bien que les Downey eussent montré quelque tiédeur quand les autres voisins présentèrent leurs félicitations pour ce choix par le journal du 1420 comme symbole de la perfection résidentielle. Après tout, n'étaient-ce pas les Downey qui avaient restauré les premiers leur demeure, et Ava n'avait-elle pas, dès le début, été assez aimable pour offrir à Madeline Houston ses hautes compétences en matière d'architecture d'intérieur ? Peu importe que Madeline eût choisi d'ignorer pratiquement toutes ces suggestions, la simple courtoisie eût voulu que les Houston déclinassent l'honneur éditorial qui leur fut offert pour le transmettre aux Downey qui, à tout le moins, étaient les mentors de chacun pour ce qui touchait à la restauration comme à la décoration d'intérieur.

---

10. **virtually** [ˈvɜːtʃuəli] : *pratiquement* ; (informatique) *virtuellement*.
11. **courtesy** [ˈkɜːˈtəsi] : *bonnes manières, politesse, courtoisie* ; **by courtesy** : *par autorisation spéciale.* **Courtesy call** : *visite de politesse, de courtoisie.* **Courtesy car** : *voiture/véhicule de remplacement* (garage), *voiture mise à disposition* (hôtels, etc.)
12. **to demand** : *exiger, nécessiter.*
13. **to pass along** : *faire passer, transmettre.*
14. **when it comes to** : *quand on parle de, quand il est question de, quand on en vient à.*

But the Houstons apparently didn't see it that way, so they posed happily at the gate of 1420 when the newspaper photographers[1] came to call and they framed the subsequent[2] front page of the *Wingate Courier* and placed it in their front hallway so everyone—including the green-eyed[3] Downeys—could see it when they came to call.

So "Just as well, darlin'," was said with some mixed feelings by Ava Downey when Willow McKenna stopped to chat in the midst of a walk with little Cooper snoozing[4] in his stroller. Ava was sitting in her faux wicker[5] rocking chair on the front porch, celebrating a warm spring day with her first outdoor[6] gin and tonic of the season. She was referring to the departure of Anfisa Telyegin from their midst, something that Willow herself hadn't quite come to terms[7] with, despite the advent[8] of the Houstons who—with their children, their au pair, and their commitment to home improvement—were so much more suited to[9] Napier Lane. "C'n you[10] imagine what we'd be goin' through right now if we *hadn't* taken steps[11] to deal with the problem?" Ava asked.

"But if you'd seen her that night..." Willow couldn't remove from her mind the image of the Russian woman as she'd been on her knees, weeping in the ivy. "And then to learn about what the rats meant to her ... I just feel so—"

---

1. **photographers** [fəˈtɒɡrəfə].
2. **subsequent** [ˈsʌbsɪkwənt] : *ultérieur, à venir* ; *qui (en) résulte.*
3. **green-eyed** : mot à mot *à l'œil vert* ; *jaloux, vert de jalousie* ; **the ~ monster** : (pompeux ou facétieux) *la jalousie.*
4. **snooze (to)** : *faire un somme,* (**afternoon**) *~ sieste.*
5. **faux wicker** : *imitation d'osier* ; l'adjectif français se trouve aussi dans **faux pas**, *impair, gaffe.*
6. **outdoor** : *en plein air, à l'extérieur* ; **outdoor games**, *jeux de plein air* ; ≠ **indoor(s)**.

Mais il est évident que les Houston ne voyaient pas les choses du même œil. Ils posèrent donc joyeusement devant la barrière du 1420 pour les photographes du journal qui vinrent leur rendre visite, et encadrèrent ensuite la une du Wingate Courier qui en résulta pour l'accrocher dans leur entrée, en sorte que tout un chacun, y compris les Downey, verts de jalousie, puisse la voir à chaque visite.

Aussi, c'est avec des sentiments quelque peu mitigés que ce « C'est pas plus mal, mon chou » fut émis par Ava Downey à l'adresse de Willow McKenna, lorsque celle-ci s'arrêta pour une causette au beau milieu de sa promenade, avec bébé Cooper faisant la sieste dans sa poussette. Ava trônait sur sa véranda dans son fauteuil à bascule en faux rotin, célébrant cette chaude journée de printemps avec le premier gin tonic à l'extérieur de la saison. Elle faisait allusion au départ d'Anfisa de leur voisinage, chose dont Willow n'avait elle-même pas vraiment pris son parti malgré l'arrivée des Houston qui, avec leurs enfants, leur fille au pair et leur engagement personnel dans l'amélioration de l'habitat, convenaient tellement mieux à Napier Lane. « Tu t'imagines ce qu'on subirait en ce moment même si on n'avait pas fait ce qu'il fallait pour régler le problème ? »

— Mais si tu l'avais vue cette nuit-là… » Willow ne pouvait pas effacer de son esprit l'image de la Russe agenouillée en pleurs dans son lierre. « Et ensuite comprendre ce que ces rats signifiaient pour elle… Je me sens si… »

---

7. **to come to terms** : *se faire à, accepter, prendre son parti de* (une idée, une situation) ; ~ **with someone** : *parvenir à un accord avec quelqu'un.*
8. **advent** : *venue* (de qqun ou qqch d'important, cf **the Advent**, l'*A*vent), *arrivée* ; plus solennel que **arrival**, *arrivée.*
9. **to be suited to** : *être* (bien) *assorti, adapté, apparié, approprié* ; **to suit** : *convenir, aller* (bien) *avec, plaire.* **Suits me** : *ça me va.*
10. **c'n you** : notez l'élision du **a** en langue parlée.
11. **to take the (necessary) steps**, *prendre les mesures* (*qui s'imposent, ad hoc*).

"Extended[1] postpartum[2]," Ava said. "That's what this is. What you need is a drink. Beau! Beau, honey, you in there, darlin'? Fix[3] Willow here—"

"Oh no. I've got to get dinner. And the kids're alone. And … It's just I can't stop feeling sad about it all. It's like we drove her off, and I never thought I'd do something like that, Ava."

Ava shrugged and rattled[4] her ice cubes. "All for the best[5]," she noted.

What Leslie Gilbert said darkly was, "Sure Ava would feel that way. Southerners[6] are used to[7] driving people off their property. It's one of their sports[8]." But she said this mostly because she'd watched Ava zero in on[9] Owen at the New Year's Eve[10] party. She hadn't yet forgotten that they'd used their tongues[11] when they'd kissed, although Owen was still denying[12] that fact.

Willow said, "But she didn't need to leave. I'd forgiven her. Hadn't you[13]?"

"Sure. But when someone's ashamed …What're they supposed to do[14]?"

Ashamed was how Willow herself felt. Ashamed that she'd panicked, ashamed[15] that she'd tracked down Anfisa's previous residence,

---

1. **extend (to)ed** : *étendre, allonger* ; *prolonger*. **To extend a warm welcome**, *accueillir chaleureusement*.

2. **post-partum** : *post partum = période qui suit l'accouchement (parturition)*, souvent associée à *la déprime de l'accouchée*.

3. **to fix** : *préparer* ; *réparer* ; *arranger*.

4. **to rattle** : *(faire) cliqueter, crépiter; faire entendre un bruit sec, ferrailler* ; **rattle-snake** : *serpent à sonnette*.

5. **all for the best** : *tout va/tout est pour le mieux*.

6. **southerners** [`sʌðənəz] : *les gens du sud, les Sudistes*. La « fracture » entre nordistes et sudistes, qui remonte au moins à la guerre de Sécession (1861-1865) est toujours implicitement présente aujourd'hui.

7. **to be used to** (+ forme en -**ing**) : *s'habituer à, s'accoutumer à* ; ne pas confondre avec la forme **used to** + infinitif sans **to** qui exprime une répétition, l'habitude ou la fréquence d'une

— Baby blues prolongé, » commenta Ava. « Voilà ce que c'est. Ce qu'il te faut, c'est un remontant. Beau ! Beau, mon chou, tu es là chéri ? Prépare donc pour notre Willow un… »

— Oh non. Il faut que je prépare le dîner. Et puis les enfants sont seuls. Et … C'est juste que je ne peux pas m'empêcher d'être triste à cause de tout ça. Comme si on l'avait chassée, je n'aurais jamais cru que je serais capable de faire une chose pareille, Ava. »

Ava haussa les épaules en remuant ses glaçons. — C'est ce qu'il y avait de mieux, » fit-elle.

Leslie commenta d'un air sombre :

— Pas étonnant qu'Ava réagisse comme ça. Ces Sudistes ont l'habitude de chasser les gens de chez eux. C'est une de leurs distractions favorites. » Mais elle le dit surtout parce qu'elle avait vu Ava fondre sur Owen au cours de la soirée du Réveillon du Nouvel An. Elle n'avait toujours pas digéré qu'ils s'embrassent en y mettant la langue, bien qu'Owen continue de nier le fait.

Willow dit :

— Mais elle n'était pas obligée de déménager. Je lui avais pardonné. Toi aussi, non ? »

— Bien sûr. Mais quand les gens ont trop honte… que peuvent-ils bien faire ? »

La honte, voilà ce que Willow elle-même éprouvait. La honte d'avoir paniqué, la honte d'avoir remonté la piste d'Anfisa jusqu'à sa précédente adresse,

---

action : **he used to come every Saturday**, *il avait coutume de venir tous les samedis.*

8. **sports** : *sports* ; *jeux* ; *amusements, divertissements*. **It's great sport**, *c'est très amusant.*

9. **to zero in on** : *viser* (*le cœur d'*)*une cible* ; *fondre sur* ; *se concentrer sur, mettre le paquet sur.*

10. **New Year's Eve** : *soirée qui précède le nouvel an, veille du nouvel an,* qui donne lieu en Amérique comme partout ailleurs à des fêtes de famille et des réunions entre amis.

11. **they'd used their tongues** : *ils se sont servi de leur langue.*

12. **to deny** : *nier, démentir* ; *refuser, dénier.*

13. **hadn't you** : reprise de l'énoncé précédent sous forme de question par l'auxiliaire : **had'nt you forgiven her** ?

14. **what are they supposed yo do ?** *que sont-ils censés faire ?*

15. **ashamed** : *honteux/se.*

and ashamed most of all that, having tracked down[1] the truth in Port Terryton, she hadn't given the Russian woman the chance to rectify matters[2] before the men acted. Had she done that[3], had she told Anfisa what she'd unearthed about her, surely Anfisa would have taken steps[4] to make sure that what had happened in Port Terryton didn't happen in East Wingate.

"I didn't really give her a chance," she told Scott. "I should have told her what we intended to do if she wouldn't bring in the exterminators. I think I should tell her that now: that what we did was right but *how* we did it was wrong. I think I'll feel better if I do that, Scott."

Scott McKenna thought no explanations to Anfisa Teyegin were necessary. But he knew Willow wouldn't rest[5] until she'd made whatever peace she felt she needed to make with their erstwhile[6] neighbor. He personally considered it a waste of her time, but the truth was that he was so caught up[7] in meeting the needs of— praise God—the *twelve* clients[8] he had now at McKenna Computing Designs[9] that he really didn't do more than murmur, "Whatever you think's right[10], Will," when his wife at last mentioned going to see Anfisa.

---

1. **to track down** : *suivre à la trace, remonter une piste, pister.*
2. **to rectify matters** : *rectifier les choses, corriger la situation.*
3. **had she done that** = **if she had done that** : l'interversion auxiliaire/sujet est ici une forme de proposition conditionnelle.
4. **to take steps to** : *faire le nécessaire, prendre des mesures pour.*
5. **she wouldn't rest until...** : *elle ne se reposerait pas, elle ne s'arrêterait pas avant...*
6. **erstwhile** : *naguère, autrefois, jadis* (poétique ou facétieux).

la honte, par-dessus tout, du fait qu'après avoir remonté jusqu'à la vérité à Port Terryton, elle n'avait pas laissé à la Russe une chance de s'expliquer avant que les maris agissent. Si elle l'avait fait, si elle avait dit à Anfisa ce qu'elle avait découvert à son sujet, celle-ci aurait certainement fait ce qu'il fallait pour s'assurer que ce qui s'était passé à Port Terryton ne se reproduise pas à East Wingate.

— Je ne lui ai pas vraiment donné sa chance, » expliqua-t-elle à Scott. « J'aurais dû lui dire ce que nous comptions faire si elle refusait de faire venir l'entreprise de dératisation. Si c'était maintenant, il me semble que je lui dirais ceci : ce que nous avons fait était juste, mais c'est la façon dont nous l'avons fait qui ne l'était pas. Je crois que je me sentirai mieux quand je lui aurai dit ça, Scott. »

Scott était persuadé qu'aucune explication n'était due à Anfisa Telyeguine. Mais il connaissait sa femme. Elle n'aurait de cesse qu'elle n'ait fait toute la paix qu'elle jugeait nécessaire avec leur ancienne voisine. Quant à lui, il considérait qu'elle perdait son temps mais, à dire vrai, il était tellement occupé à satisfaire les besoins des *douze* clients que, dieu merci, comptait désormais la McKenna Créations Informatiques, qu'il se contenta de murmurer « C'est comme tu le sens, Will, » quand sa femme lui annonça finalement qu'elle rendrait visite à Anfisa.

---

7. **to be caught up in** : *être tellement pris dans, embarqué dans* ; **to catch up with**, *rattraper* (un retard).

8. **clients** [`klaɪənts] : *clients* (banque, entreprise de service etc.) *Client* (commerce) : **customer** ; (service public = *usager*) : **user**.

9. **computing designs** : *créations, conceptions, projets informatiques*.

10. **whatever you think is… right** : *quoi que ce soit que tu penses (être) correct.*

"She was in *prison*," Willow reminded him. "In a concentration camp. If we'd know that at the time, I'm sure we would have done things differently. Wouldn't we[1]?"

Scott was only half listening, so he said, "Yeah. I guess[2]."

Which Willow took for agreement.

It wasn't difficult to trace Anfisa. Willow did it through the community college, where a sympathetic[3] secretary in Human Resources[4] met her for coffee and slipped across the table to her an address in Lower Waterford, one hundred and fifteen miles away.

Willow didn't take Leslie Gilbert this time. Instead she asked if she would baby-sit Cooper for a day. Since Cooper was at the stage where he slept, ate, eliminated, and spent the rest of the time cooing[5] at the mobiles[6] above his crib[7], Leslie knew that she'd not be distracted from her daily intake[8] of talk show, so she agreed. And since she'd been looking forward to the topic of the day on her favorite show—*I Had Group Sex With My Son's Friends*—she didn't ask Willow where she was going, why she was going there, or if she wanted company.

This was just as well. Willow wanted to talk to Anfisa Telyegin alone.

---

1. **Wouldn't we** : comme plus haut (note 13 p. 123) nous avons ici reprise de l'énoncé précédent par le seul auxiliaire : **wouldn't we [have done things differently]** ?

2. **I guess** : mot à mot *je devine* ; (US à l'origine) *je pense, j'imagine, il me semble que…*

3. **sympathetic** : *compatissant, pris de sympathie.*

— Elle a été *emprisonnée*, » lui rappela Willow. « Dans un camp de concentration. Si nous l'avions su, à l'époque, je suis bien certaine que nous aurions agi différemment. Tu ne crois pas ? »

Scott répondit, l'esprit ailleurs « Sans doute, oui. »

Ce que Willow prit pour une approbation.

Il ne lui fut pas difficile de retrouver la piste d'Anfisa. Willow passa par le collège universitaire local, où une secrétaire aux Ressources humaines compréhensive prit un café avec elle et lui fit glisser par-dessus la table une adresse à Lower Waterford, à deux cents kilomètres de là.

Cette fois-ci, Willow n'emmena pas Leslie. Par contre, elle lui demanda si elle accepterait de garder Cooper pour la journée. Comme Cooper en était au stade où il dormait, mangeait, éliminait et passait le reste de son temps à gazouiller en direction des mobiles au-dessus de son berceau, Leslie savait qu'il n'interfèrerait pas avec sa dose quotidienne de débats télévisés, si bien qu'elle accepta. Et vu qu'elle avait hâte de suivre le sujet du jour de son émission favorite, « *J'ai fait l'amour en groupe avec les copains de mon fils* », elle ne demanda même pas à Willow où elle allait, pourquoi elle y allait ou si elle voulait de sa compagnie.

Ce qui convenait tout à fait à Willow, qui voulait parler seule à seule avec Anfisa Telyeguine.

---

4. **human resources** : *ressources humaines, service du personnel.*
5. **to coo** : (oiseaux, amoureux) *roucouler* ; (bébés) *gazouiller.*
6. **mobiles** [ˈməʊbaɪlz]
7. **crib** : *mangeoire, râtelier* ; *berceau.*
8. **intake** : (aliments etc.) *ingestion, ration* ; (poumons) *inspiration* (école, armée) *admission, contingent.*

She found Anfisa's new house on Rosebloom Court in Lower Waterford, and when she saw it, she felt a new onslaught of guilt, comparing it to her previous homes both in Port Terryton and on Napier lane. Those houses were both historical properties[1]. This was not. They had been reflective of[2] the time period[3] during which they'd been built. This was reflective of nothing more than a tract-home[4] designer's desire to make as much money as he could from as little creative effort as possible. It was the sort of place families had moved into in droves[5] after World War II: with stucco[6] walls, a concrete driveway with a crack down the middle from which weeds grew, and a tarpaper[7] roof. Willow's spirits[8] sank[9] when she saw it.

She sat in her car and regretted everything, but most of all she regretted her propensity to panic. If she hadn't panicked when she saw the first rat, if she hadn't panicked when she found the droppings in her vegetable garden, if she hadn't panicked when she learned about Anfisa's trouble in Port Terryton, perhaps she wouldn't have condemned the poor woman to life in this dismal cul-de-sac[10] with its barren one-tree lawns, its warped[11] garage doors that dominated the house fronts, and its patchy[12], uneven[13] sidewalks.

---

1. **historical properties** : *propriétés/demeures historiques* (traduction un peu disproportionnée en français).
2. **reflective of** : *réfléchissant; qui renvoie* (à une image) ; *pensif, réfléchi*.
3. **time period** : *période de temps, ère, époque*. **Period furniture** : *mobilier d'époque*.
4. **tract-home** : *maison conçue selon un plan type* ; s'oppose à **custom home**, *maison (conçue) sur mesure, maison d'architecte*.
5. **in droves** : *en grandes bandes, en foule, en masse* ; **drove** : *foule, multitude* ; *troupeau*.
6. **stucco** : *crépi (murs extérieurs)* ; *stuc (décoration intérieure)*.

Elle trouva la nouvelle maison d'Anfisa à Lower Waterford dans Rosecourt Court et, lorsqu'elle la découvrit, la comparaison avec ses deux précédentes demeures de Port Terryton et de Napier Lane lui fit éprouver un nouvel accès de culpabilité. Celles-là avaient toutes les deux une histoire. Pas celle-ci. Les premières évoquaient l'époque où elles avaient été construites. Celle-ci ne reflétait que le souci d'un quelconque dessinateur de plans types de maisons d'amasser autant d'argent qu'il pouvait en produisant aussi peu d'effort de créativité que possible. C'était le genre d'endroit dans lequel des foules de familles avaient emménagé après la deuxième guerre mondiale : murs crépis, allée d'accès en ciment armé avec une fissure au beau milieu, d'où s'échappaient des mauvaises herbes, et toiture en shingle. Willow sentit son cœur défaillir quand elle la vit.

Elle resta assise dans sa voiture, en proie au regret. Surtout elle regrettait sa propension à la panique. Si elle n'avait pas paniqué en voyant le premier rat, si elle n'avait pas paniqué en trouvant les crottes de rat dans son potager, et à nouveau en découvrant les problèmes d'Anfisa à Port Terryton, peut-être n'aurait-elle pas condamné cette pauvre femme à vivre dans cette sinistre impasse, avec ses pelouses miteuses ornées d'un arbre par maison, ses portes de garage bancales qui envahissaient les façades, et ses trottoirs inégaux et défoncés.

---

7. **tarpaper** : *papier fort goudronné* (pour le bâtiment) ; imitation de bardeau enduit de bitume, *shingle*.
8. **spirits** : *esprit, cœur, cran, courage* ; *entrain, fougue, verve, bonne humeur* ; (*pl.*) *humeur. Spiritueux, alcool.*
9. **to sink, sank, sunk** : *sombrer, couler* ; *perdre, engloutir* ; (*bourse*) *s'effondrer.*
10. **cul-de-sac** : synonyme : **blind alley**.
11. **to warp** : (*se*) *gauchir, voiler* ; **warped mind**, *esprit tordu.*
12. **patchy** :*de qualité inégale.*
13. **uneven** : *inégal, irrégulier, accidenté.*

"It was her choice, darlin'," Ava Downey would have said. "And let's not forget the chicken coop, Willow. She didn't have to encourage rats to take up residence in[1] her yard, now, did she?"

This last question resonated in Willow's mind as she sat in front of Anfisa's house. It prompted[2] her to recognize[3] that there was more of a difference between this house and the last house than was described by the structure itself[4]. For unlike the house on Napier Lane, this yard had no ivy anywhere. Indeed, it had nothing in which a rat could live. All it comprised[5] were flowerbeds neatly planted with neatly trimmed shrubs[6] and a front lawn clipped as[7] smooth[8] as an ice rink.

Perhaps, Willow thought, it had taken two houses and two neighborhoods in an uproar[9] for Anfisa Telyegin to learn that she couldn't share her property with rats and hope to go unnoticed[10].

Willow had to make sure that some good had come of what had happened in her neighborhood, so she got out of her car and crept[11] quietly up to the backyard fence to have a look. A chicken coop, doghouse, or toolshed would be a very bad sign. But a glance over the fence to the patio, the lawn, and the rosebushes proved that no habitat[12] for rodents had been provided this time around by the Russian woman.

---

1. **to take up residence in** : *prendre résidence à...*
2. **to prompt** : *pousser, inciter* ; *(théâtre) souffler.*
3. **recognize** [ˈrekəgnaɪz].
4. **...the structure itself** : *mot à mot, il y avait bien plus de différence entre cette maison et la précédente que (n'était) décrit par la structure elle-même.*
5. **to comprize** : *être composé de, se composer de, inclure, comprendre ; constituer.*
6. **shrubs** : *arbrisseaux, arbustes ; buissons, fourrés.*

— C'était son choix, mon chou » aurait dit Ava Downey. « Et n'oublions pas le poulailler, Willow. Voyons, elle n'aurait jamais dû encourager les rats à prendre pension dans son jardin, tu ne crois pas ? »

Telle était la question qui hantait l'esprit de Willow, assise dans sa voiture en face de chez Anfisa. Cela l'incitait à reconnaître qu'il y avait bien davantage qu'une simple différence qualitative entre cette maison-ci et la précédente. Car contrairement à la maison de Napier Lane, le jardin de celle-ci n'était nulle part planté de lierre. Il n'offrait en fait rien où puisse vivre un rat. Tout ce qu'il comportait était des plates-bandes plantées de buissons impeccablement taillés et sur le devant une pelouse aussi lisse qu'un anneau de patinoire.

Il avait peut-être fallu, pensa Willow, deux résidences et deux environnements en ébullition pour qu'Anfisa comprenne qu'elle ne pouvait pas partager sa propriété avec des rats et espérer passer inaperçue.

Willow devait s'assurer qu'il était résulté du bien de ce qui s'était passé près de chez elle, aussi sortit-elle de sa voiture pour se glisser discrètement vers la clôture de derrière pour jeter un coup d'œil. Un poulailler, un chenil ou une cabane à outils auraient été un signe très fâcheux. Mais le regard qu'elle jeta par-dessus la haie au patio, à la pelouse et aux rosiers lui prouva que cette fois-ci la Russe n'avait implanté aucun gîte à rats aux alentours.

---

7. **clipped as smooth as...** : *tondue aussi lisse qu'un...*

8. **smooth** [smuːð] :

9. **an uproar** : *tumulte, désordre, tapage.*

10. **to go unnoticed** : *ne pas se faire remarquer, passer inaperçu.*

11. **to creep, crept, crept** : *ramper ; grimper* (plantes) *; s'insinuer, se glisser.*

12. **habitat** [ˈhæbɪtæt] : *habitat, aire d'habitation naturelle.*

"Sometimes people've got to learn their lessons the hard way[1], Willow," Ava Downey would have said.

And it certainly looked as if Anfisa Telyegin had learned, hard way or not.

Willow felt somewhat redeemed[2] by what she saw, but she knew that full absolution wouldn't come until she assured herself that Anfisa was doing well in her new environment[3]. Indeed, she hoped that a conversation with her former[4] neighbor would evolve into an expression of gratitude from Anfisa to the Napier Lane residents who'd managed—however dramatically—to bring her to her senses. That would be something that Willow could carry home to her husband and her friends and thus redeem herself in their eyes as well, for she, after all, had instigated[5] everything.

Willow knocked at the door, which was sunk into a small, square entry defined by a single concrete step. She felt a twinge[6] of concern[7] when a window curtain on the entry flicked, and she called out, "Miss Telyegin, are you home? It's Willow McKenna," with the hope of reassuring the woman.

Her greeting seemed to do the trick[8]. The door cracked open[9] three inches, revealing a shaft[10] of Anfisa Telyegin from head to toe.

---

1. **to learn the hard way** : mot à mot, *apprendre de la manière à la dure.*
2. **to redeem** : *dégager, retirer* (prêt sur gage) ; *rembourser ; racheter, réparer, expier ; récupérer.*
3. **environment** [ɪnˈvaɪərənmənt].
4. **former** : *précédent, d'avant, antérieur.*
5. **to instigate** : *faire naître, être à l'origine, à la source ; pousser à, provoquer.*
6. **twinge** : (santé) *élancement, tiraillement, atteinte* : ~ **of conscience** : *remords.*

— Les gens n'apprennent parfois que de la manière forte, Willow, » aurait dit Ava.

Et il semblait bien qu'Anfisa, manière forte ou pas, avait appris.

Willow se sentit quelque peu libérée par ce qu'elle voyait, mais elle savait bien qu'elle ne s'accorderait l'absolution totale qu'après s'être assurée qu'Anfisa s'était bien intégrée à son nouvel environnement. Elle espérait en effet qu'une conversation avec son ex-voisine amènerait Anfisa à exprimer sa gratitude envers les résidents de Napier Lane qui avaient réussi à la ramener à la raison, aussi dramatiques qu'aient été les circonstances. Ce serait une bonne nouvelle qu'elle pourrait rapporter à la maison pour son mari et ses amis et ainsi se racheter également à leurs yeux car après tout, c'était bien elle qui était l'instigatrice de tout cela.

Willow frappa à la porte, qui s'enfonçait dans un petit carré délimité par une unique marche en béton. Elle éprouva un petit pincement d'angoisse lorsque le rideau de l'entrée bougea légèrement, et elle appela « Mademoiselle Telyeguine, êtes-vous là ? C'est Willow McKenna ! » avec l'espoir de rassurer la femme.

Ses salutations semblèrent porter leurs fruits. La porte s'entrouvrit en grinçant, dévoilant Anfisa Telyeguine de la tête au pied sur une bande verticale de moins de dix centimètres.

---

7. **concern** : *intérêt* ; *préoccupation, souci, anxiété, inquiétude.* (Économie) *entreprise, affaire.*
8. **to do the trick** : *faire l'affaire, convenir* ; **trick** : *ruse, astuce, tour, truc* ; *ficelle* (du métier).
9. **cracked open** : mot à mot *s'ouvrit dans un craquement.*
10. **a shaft** : *flèche, dard* ; *puits* (de mine), *cage* (d'ascenseur) ; *rais, rayon* (de lumière) ; *arbre* (de transmission).

Willow smiled. "Hello. I hope you don't mind my dropping by[1]. I was in the area[2] and I wanted to see..." Her voice drifted off. Anfisa was looking at her with no comprehension at all. Willow said, "Willow McKenna? Your next-door neighbor on Napier Lane? D'you remember me? How are you, Miss Telyegin?"

Anfisa's lips curved suddenly at this, and she stepped away from the door, roused by the mention of Napier Lane. Willow took this movement for permission to enter, so she gave a little push to the door and went inside.

Everything seemed fine. The house was as neat[3] as a surgeon's[4] brain: swept, dusted, and polished. True, there was a slightly peculiar odor in the air, but Willow put that down to the fact that none of the windows were open despite the fine spring day. The place had probably been closed up all winter with the heater[5] sealing in[6] everything from cooking odors to cleaning scents[7].

"How are you?" Willow said to the older woman. "I've been thinking[8] about you for quite a long time[9]. Are you working in a college in this area now? You're not commuting[10] down to East Wingate, are you?"

---

1. **don't you don't mind my dropping by** : mot à mot *vous ne faites pas d'objection à ma visite.*
2. **area** : *secteur, zone ; quartier.*
3. **neat** : *net, propre ; soigneux ; soigné, bien rangé ;* (alcool) *pur, sec, sans eau.*
4. **surgeon** [`sɜːdʒən] : *chirurgien ;* **house ~**, *interne en chirurgie ;* **dental ~** : *chirurgien dentiste.*
5. **heater** : *appareil de chauffage.*
6. **to seal in** : *sceller ; apposer un sceau, cacheter ;* (juridique) *apposer les scellés.*: **To ~ in** : *obturer, boucher, étanchéifier.*

Willow lui sourit.

« Bonjour ! J'espère que ça ne vous dérange pas que je vous rende visite sans prévenir. Je passais dans le coin et je voulais voir... »

Sa voix hésita. Anfisa la regardait sans manifester la moindre compréhension. Willow poursuivit « Willow McKenna, votre plus proche voisine de Napier Lane, vous vous souvenez ? Et comment allez-vous, mademoiselle Telyeguine ? »

À ces mots, les lèvres d'Anfisa esquissèrent soudainement un sourire et elle s'écarta de la porte, sortant de son apathie à l'évocation de Napier Lane. Willow prit ce geste pour une permission d'entrer et poussant doucement la porte, elle pénétra dans la maison.

Tout semblait parfait. La maison était aussi ordonnée que l'intellect d'un chirurgien : balayée, dépoussiérée et cirée. Certes, il y avait bien odeur légèrement bizarre dans l'air, mais Willow mit cela sur le compte des fenêtres toutes fermées malgré cette belle journée printanière. Les lieux étaient probablement restés clos tout l'hiver et, avec le chauffage, les odeurs de cuisine et de produits d'entretien avait dû s'incruster.

— Alors comment allez-vous ? » demanda Willow à la vieille dame. « Je pense pas mal à vous depuis longtemps. Avez-vous trouvez du travail dans une fac du coin ? Vous ne faites pas l'aller-retour à East Wingate, tout de même ? »

---

7. **cleaning scents** : *parfums* (*ménagers*) *désodorisants*.
8. **I've been thinking...** : cette forme verbale (**"present perfect"**) indique une action commencée dans le passé qui se poursuit au moment où l'on parle, d'où le présent en français.
9. **for quite a time** : mot à mot *pour tout à fait un (long) temps*.
10. **to commute** : (tech.) *commuter, transformer* ; *faire la navette* (prendre un moyen de transport pour se rendre habituellement à son travail). **Commuter** : *banlieusard*, « *navetteur* ».

Anfisa smiled beatifically[1]. "I am well," she said. "I am so well. Will you have[2] tea?"

The relief Willow felt at being greeted so warmly was like a down[3] comforter[4] on an icy night. She said, "Have you forgiven me, Anfisa?" Have you been able to *truly* forgive me?

What Anfisa said in reply couldn't have been more of a comfort had Willow written the words herself. "I learned much on Napier Lane," she murmured. "I do not live as I lived then."

"Oh my gosh[5]," said Willow, "I am *so* glad."

"Sit, sit," Anfisa said. "In here. Please. Let me make tea."

Willow was only too happy to draw a chair from the table and watch as Anfisa bustled[6] contentedly around the kitchen. She chatted as she filled a kettle and pulled teacups and saucers out of a cupboard.

This was a good place for her to settle[7], Anfisa told Willow. It was a simpler neighborhood, she said, more suited to someone like herself with simpler needs and simpler tastes. The houses and yards were plain, like her, and people kept mostly to themselves[8].

"This is better for me," Anfisa said. "It is more what I am accustomed to."

---

1. **beatifically** : *avec béatitude, béatement.*
2. **Will you have... ?** mot à mot *prendrez-vous ?* En fait, ici, l'auxiliaire **will** (comme **would**) a une forte valeur de (bon) vouloir, de (bonne) volonté.
3. **down** (nom) : *duvet* (d'oie, de canard)
4. **comforter** : *consolateur ; cache-nez ; couvre-pied.*

Anfisa répondit avec un sourire béat

— Je vais bien. Je suis tellement bien. Voulez-vous une tasse de thé ? »

Le soulagement qu'éprouva Willow à être accueillie si chaleureusement était comme si on lui avait procuré un édredon en duvet par une nuit glaciale. Elle demanda :

— Alors vous m'avez pardonné, Anfisa ? Vous avez vraiment pu me pardonner ? »

La réponse que lui fit Anfisa n'aurait pas pu lui être d'un plus grand réconfort si elle en avait rédigé elle-même les termes.

— J'ai beaucoup appris à Napier Lane, » murmura-t-elle. « Je ne vis plus comme je vivais alors. »

— Ah mon dieu, comme je suis heureuse, » fit Willow.

— Asseyez-vous, asseyez-vous, par ici, » dit Anfisa . « Je vous en prie. Je prépare le thé. »

Willow était on ne peut plus ravie d'écarter une chaise de la table et d'observer Anfisa qui s'affairait avec satisfaction dans sa cuisine. Elle bavardait tout en remplissant la bouilloire et en sortant les tasses et les sous-tasses d'un placard.

C'était ici un bon endroit où s'installer pour elle, dit-elle à Willow. Les voisins étaient des gens plus ordinaires, continua-t-elle, ils lui convenaient mieux, à elle qui avait des besoins et des goûts plus communs. Les maisons et les jardins étaient ordinaires, tout comme elle, et la plupart du temps les gens ne s'occupaient guère des affaires des autres.

— Ça me va mieux, ça convient davantage à mes habitudes. » fit-elle.

---

5. **my gosh** : pour éviter de dire « **my God** ».
6. **to bustle** : [`bʌsəl] *se démener, s'affairer.*
7. **for her to settle** : construction avec adjectif plus infinitif = (mot à mot) *pour elle s'installer.*
8. **to keep to oneself** : *rester entre soi, faire bande à part, ne pas s'occuper d'autrui.*

"I'd hate to think you consider Napier Lane a mistake, though," Willow said.

"I learned much about life in Napier Lane," Anfisa told her, "much more than I have learned anywhere else. For that, I am grateful. To you. To everyone. I would not be as I am this moment if it were not for[1] Napier Lane."

And how she was at this moment was at peace, she said. Not in so many words but in her actions, in the expressions of pleasure, delight, and satisfaction that flickered across her face as she talked. She wanted to know about Willow's family: How was her husband? Her little girl and boy? And there was another small one, wasn't there? And would there be more? Surely, yes, there would be more, wouldn't there?

Willow blushed at this last question and what it implied about Anfisa's intuition[2]. Yes, she admitted to the Russian, there would be more. In fact, she hadn't told her husband yet, but she was fairly certain that she was already pregnant with the fourth McKenna.

"I hadn't intended it to be so soon after Cooper," Willow confessed. "But now that it's happened, I've got to say I'm thrilled. I love big families. It's what I always wanted."

"Yes," Anfisa smiled. "Little ones. How they make life good."

---

1. **if it were not for**... : *si ce n'était..., n'eût été, s'il n'y avait pas eu*... ; **were** est une ici une sorte de subjonctif, qu'on retrouve dans « **if I were rich** », *ah ! si j'étais riche.*
2. **intuition** [ɪntjuˈɪʃn].

— Malgré tout, je serais horrifiée que vous considériez que Napier Lane fut une erreur. » s'exclama Willow.

— J'ai beaucoup appris sur la vie, à Napier Lane, » lui répondit Anfisa, « bien plus que ce que j'ai pu apprendre n'importe où ailleurs. J'en suis reconnaissante, envers vous, envers chacun. Sans Napier Lane, je ne serais pas ce que je suis à présent. »

Et ce qu'elle était à présent, c'était quelqu'un qui connaissait la paix. Elle le disait non pas tant par ses paroles, que par ses actions, par ses expressions de plaisir, de ravissement, de contentement qui illuminaient par moments son visage quand elle parlait. Elle demandait des nouvelles de la famille de Willow : comment allait son mari ? Sa fille et son fils ? N'y avait-il pas un petit dernier ? Et y en aurait-il pas d'autres ? Bien sûr que si, il y en aurait d'autres, n'est-ce pas ?

Willow rougit à cette dernière question et à ce qu'elle impliquait quant à l'intuition d'Anfisa. Oui, accorda-t-elle à la Russe, il y en aurait d'autres. En fait, elle ne l'avait pas encore annoncé à son époux, mais elle était à peu près certaine d'être déjà enceinte d'un quatrième McKenna.

— Je n'avais pas l'intention que cela arrive si tôt après le petit Cooper, » confessa-t-elle, « mais maintenant que c'est fait, je dois dire que je suis tout excitée. J'adore les grandes familles. J'ai toujours voulu en avoir une. »

— Ah oui, les petits ! Comme ils vous rendent la vie agréable ! » fit Anfisa.

Willow returned the smile and felt so gratified by the reception that Anfisa was giving her, by Anfisa's every exclamation of pleasure over each piece of news[1] Willow imparted[2], that she leaned forward and squeezed the Russian woman's hand. She said, "I am *so* glad I came to see you. You seem like a different[3] person here."

"I am a different person," Anfisa said. "I do not do what I did before."

"You *learned*," Willow said. "That's what life is about[4]."

"Life is good," Anfisa agreed. "Life is very full."

"Nothing could be better to hear. This is like music to my ears, Anfisa. May I call you that[5]? May I call you Anfisa? Is that all right? I'd like to be friends."

Anfisa clasped Willow's hand much as[6] Willow had just clasped hers. "Friends," she said, "yes. That woud be good, Willow."

"Perhaps you can come to East Wingate to visit us," Willow said. "And we can come here to visit you.

We have no family within five hundred miles, and we'd be thrilled to have you be ... well, like a grandmother to my children, if you'd willing[7]. In fact, that's what I was hoping for when you first moved to Napier Lane."

---

1. **each piece of news** : **news** étant un singulier de sens collectif (pluriel), <u>une</u> *nouvelle* se dit donc **a piece of news**.
2. **to impart** : *transmettre, communiquer* (nouvelles) ; *donner* (du courage).
3. **different** ['dɪfrənt].

Willow lui retourna son sourire, comblée par la réception que lui accordait Anfisa, par toutes les expressions de plaisir qu'elle manifestait à l'énoncé de chaque nouvelle que lui donnait Willow, tant et si bien que celle-ci se pencha en avant pour presser la main d'Anfisa en lui disant « Je suis tellement contente d'être venue vous voir. Ici, on dirait que vous êtes une autre personne. »

— Je suis une personne différente, je ne vis plus comme avant. »

— C'est que vous *avez* appris, » dit Willow. « C'est ça la vie. »

Anfisa était d'accord : « La vie est bonne. La vie est riche. »

— Rien ne pouvait me faire davantage plaisir à entendre. C'est comme une musique à mes oreilles, Anfisa. Puis-je vous appeler ainsi ? Me permettez-vous de vous appeler Anfisa ? Ça vous convient ? J'aimerais tant que nous soyons amie. »

Anfisa étreignit la main de Willow, comme Willow avait étreint la sienne peu auparavant. « Amies, oui bien sûr, dit-elle. « Ce serait bien, Willow. »

— Vous pourrez peut-être nous rendre visite à East Wingate, » s'enquit Willow. « Et nous, nous viendrons vous voir ici. Nous n'avons pas de famille à moins de huit cents kilomètres, et nous serions enchantés que vous soyez, disons... comme une grand'mère pour mes enfants, si vous vouliez bien. À vrai dire, c'est un peu ce que j'espérais, quand vous êtes venue vous installer à Napier Lane. »

---

4. **That's what life is about** : *c'est de ça qu'il est question quand on vit ; vivre c'est ça.*
5. **may I call you that** : *puis-je vous appeler (comme) cela ?*
6. **much as** : mot à mot *beaucoup comme.*
7. **to be willing to** : *vouloir bien, être désireux de.*

Anfisa brightened, put a hand on her chest. "Me? You thought of me as a grandmother to your little ones." She laughed, clearly delighted at the prospect. "I will love to be that. I will love it through and through[1]. And you—" She grasped Willow's hand once more—"you are too young to be a grandmother. So you must be the aunt."

Willow said, "The aunt?" and she smiled, although mystified[2].

"Yes, yes," Anfisa said. "The aunt to my little ones as I will be the grandmother to yours."

"To your..." Willow swallowed[3]. She couldn't stop herself from looking around. She forced a smile and went on, saying, "You have little ones yourself? I didn't know that, Anfisa."

"Come." Anfisa rose and put her hand on Willow's shoulder. "You must meet them."

Without wanting her feet to do what they were doing, Willow followed Anfisa from the kitchen to the living room and from the living room down a narrow hall. The odor she'd first smelled when she'd entered the house was stronger here and stronger still when Anfisa opened one of the bedroom doors.

"I keep them in here," Anfisa said to Willow over her shoulder. "The neighbors don't know and you mustn't tell. I learned so very very much from living as I did on Napier Lane."

---

1. **I'll love it through and through** : j'adorerai ça encore et encore.
2. **mystify (to)** : dérouter, désorienter ; embarrasser, embrouiller, mystifier.
3. **to swallow** : avaler ; déglutir ; engloutir, faire disparaître.

Anfisa s'épanouit, posa une main sur sa poitrine. « Moi ? Vous avez pensé à moi pour être une grand'mère pour vos petits ? » Elle rit, visiblement ravie de la perspective. « J'adorerai ça. Rien ne me fera plus plaisir. Et vous... » Elle s'empara à nouveau de la main de Willow. « Vous êtes trop jeune pour être grand'mère. Mais vous serez leur tante. »

Willow demanda en souriant, un peu intriguée : « Leur tante ? »

— Oui, oui, la tante de mes petits, comme je serai la grand'mère des vôtres. » dit Anfisa.

— De vos ... » Willow déglutit. Elle ne put s'empêcher de chercher du regard autour d'elle. Elle se força à sourire en poursuivant « Vous avez des petits, vous aussi ? Je l'ignorais, Anfisa. »

— Venez, il faut que vous fassiez leur connaissance. » Anfisa se leva et posa la main sur l'épaule de Willow.

Incapable d'empêcher ses pieds de faire à leur guise, Willow suivit Anfisa de la cuisine à la salle de séjour, et de là le long d'un étroit couloir. L'odeur qu'elle avait sentie en entrant dans la maison s'y fit plus forte, puis encore plus forte quand Anfisa ouvrit la porte d'une des chambres.

— C'est ici que je les garde, » dit Anfisa à Willow par-dessus son épaule. « Les voisins n'en savent rien et vous ne devez pas leur dire. J'ai tellement, tellement appris, en ayant vécu comme je l'ai fait à Napier Lane. »

Cet ouvrage a été composé par
Atelier JOMI & DÉCLINAISONS

Impression réalisée sur Presse Offset par

BRODARD & TAUPIN

GROUPE CPI

25842 – La Flèche (Sarthe), le 19-10-2004
Dépôt légal : novembre 2004

POCKET – 12, avenue d'Italie - 75627 Paris cedex 13
Tél. : 01.44.16.05.00

Imprimé en France